W9-DEW-633

Lorna Santín H.

Cómo orientar sexualmente a sus hijos

SELECTOR
actualidad editorial

SELECTOR
actualidad editorial

Doctor Erazo 120 Colonia Doctores 06720 México, D.F.
Tel. 55 88 72 72 Fax. 57 61 57 16

CÓMO ORIENTAR SEXUALMENTE A SUS HIJOS
Autora: Lorna Santín Hodges
Colección: Familia

Diseño de portada: Perla Alejandra López Romo
Ilustrador de interiores: Alberto Henestrosa Pérez

D.R. © Selector, S.A. de C.V., 2004
          Doctor Erazo, 120, Col. Doctores
          C.P. 06720, México, D.F.

ISBN-13: 978-970-643-773-0
ISBN-10: 970-643-773-8

Sexta reimpresión. Septiembre de 2007.

Sistema de clasificación Melvil Dewey

155.3
S19
2004   Santín Hodges, Lorna; 1952.
           Cómo orientar sexualmente a sus hijos / Lorna Santín
           Hodges. —
           México, D.F.: Selector, S. A. de C.V., 2004.
           160 p.
           ISBN: 970-643-773-8

           1. Educación. 2. Valores. 3. Sexo

Contenido

Presentación

Las relaciones humanas son esenciales en nuestra vida y pueden ser fuente de gratificación o, por lo contrario, contribuir a gran parte del estrés que vivimos todos los días.

Nuestra sexualidad constituye una parte integral de todas las relaciones humanas que entablamos, pues representa la totalidad del ser hombre y del ser mujer. Todo nuestro comportamiento está impregnado de sexualidad, dado que, desde el momento mismo de nuestra concepción, se encuentra presente y nos conforma como los seres que somos.

Basta echar una ojeada al entorno social para constatar que la *ignorancia* y la *inmadurez* han contribuido enormemente al inadecuado manejo de nuestra sexualidad, a la vez que nos han conducido a situaciones en que la convivencia se hace cada vez más difícil: promiscuidad, abuso sexual, pornografía, familias desintegradas, madres solteras, mujeres golpeadas y, en forma general, personas incapaces de establecer una vida de pareja que valga la pena.

Todas y cada una de estas situaciones provienen de una educación sexual deficiente.

La sexualidad se aprende básicamente a partir de los modelos que representan los propios padres. A través de la observación de cómo la pareja se trata entre sí y de la manera como los padres tratan a los hijos, en la memoria infantil van quedando grabados recuerdos sobre pautas de comportamiento que él repetirá una y otra vez en el manejo cotidiano de sus relaciones humanas.

Asumir la responsabilidad, mostrar respeto a otros, ser capaz de aceptar los propios errores y buscar el beneficio colectivo representan cualidades fundamentales en las relaciones humanas. No es difícil entender que sin estos elementos la sana convivencia se hace imposible. El ejercicio de la sexualidad participa de todas estas cualidades. Sin ellas, ninguna pareja o familia podrá funcionar saludablemente.

Educar en la sexualidad no significa únicamente explicar a los niños de dónde vienen los bebés, tema que constituye sólo una pequeña parte de la totalidad que se denomina "vida humana". La tarea es mucho mayor ya que necesariamente implica la educación integral de un ser que está bajo nuestro cuidado y custodia. Sólo podremos afirmar que seremos exitosos en dicha tarea, si tales pequeños se convierten en personas capaces de entablar relaciones profundas y enriquecedoras en donde el poder y el dominio de uno sobre el otro no tiene cabida.

Aun cuando esta obra fue escrita especialmente para niños, es preferible que sean los padres y/o maestros quienes la lean primero, para conocer su contenido. Posteriormente podrán guiar a los chicos en la lectura, pues seguramente durante el proceso requerirán de su orientación, cuando menos para aclarar el significado de palabras que no entiendan. No tema decir que no sabe algo, pero comprométase a encontrar la respuesta mediante fuentes serias de información.

Existe una relación directa entre el tiempo de comunicación en familia y el comportamiento moral de los hijos. Por esta razón, uno de los propósitos de este libro es propiciar la comunicación íntima entre los niños y sus padres. A menudo los papás desean hablar de sexualidad con sus pequeños, pero se sientan un poco incómodos y no saben cómo empezar. Abordar el tema en forma de cuento, como se ha hecho en esta obra, puede resultar suave y atractivo.

El contenido se encuentra dispuesto en tres partes, cada una de ellas propia para niños de distintas edades. La primera está dirigida fundamentalmente a niños de 7 y 8 años, la segunda se pensó para chicos de 9 y 10 y la última para los de 11 y 12 años.

Es fundamental que los niños comprendan el papel que juega la sexualidad en la vida humana y que desarrollen actitudes sanas que contribuyan a la convivencia y al ejercicio responsable de la propia sexualidad. Espero que este material contribuya al desempeño de esa maravillosa tarea que constituye la educación integral.

Especialmente para ti

Existen muchos libros escritos para niños. Algunos de ellos son cuentos; otros, novelas; otros más, textos que utilizas en tu escuela para aprender diversas materias.

Un tema que siempre ha interesado a niños como tú es el referente al origen de la vida y a la sexualidad en general.

Quizá te haya llamado la atención que libros sobre estos temas no se encuentran con tanta facilidad como los cuentos infantiles. Muchas veces hay que buscarlos en librerías especializadas.

¿Por qué tanto misterio en torno al sexo?

La sexualidad está presente en cada momento de nuestra vida; es algo tan cotidiano... y, sin embargo, tan difícil de abordar para muchos adultos.

Esta dificultad proviene, en muchos casos, del hecho de que los mismos adultos no tienen claro el sentido profundo de la sexualidad.

*Este libro fue escrito especialmente para ti.
Basándonos en experiencias reales con niños de
tu edad, hemos tratado de plasmar en sus páginas,
explicaciones que te ayudarán a conocer y comprender mejor el maravilloso don de la vida.*

PRIMERA PARTE

Un nuevo hermanito

Diego tenía un año de edad cuando su mamá supo que iba a tener otro bebé. Casi no sabía hablar porque todavía era muy pequeño, pero pronto cumplió los dos años y ya hablaba un poquito más. Un día su mamá tomó la manita de Diego, la puso sobre su prominente estómago y le dijo: "Fíjate muy bien, mi vida, y dime lo que sientes". Diego sintió que algo dentro de su madre se movía y así lo expresó a su mamá. Ella en seguida le dijo: "Es tu hermanito".

Diego no entendía cómo carambas "eso" podía ser su hermanito, pero tenía demasiadas cosas en las cuales entretenerse como para estar pensando en algo tan extraño. Además no le interesaba entenderlo. Pronto aprendió de memoria una oración que sus papás le repetían a menudo: "Vas a tener un hermanito". También advirtió que algo raro pasaba, porque de pronto su mamá ya no quería cargarlo más. Diego nunca entendió qué estaba ocurriendo. "Vas a tener un hermanito; vas a tener un hermanito". Diego alguna vez dejó de creer ese cuento chino, pues pasaban los días y por ningún lado aparecía el tan prometido chiquillo.

Una noche el papá de Diego lo sacó dormido de su cama, lo trepó en el carro y fue a dejarlo a casa de la abuela donde se quedó tres días. En ratos su papá lo visitaba e incluso lo llevó a un lugar que, según supo después, se llamaba hospital. Allí estaba su mamá. Con ella fue a un lugar donde había un cuarto con un cristal grande. Dentro de ese cuarto pudo ver un mundo de bebés. La mayoría de ellos estaban dormidos, aunque alguno que otro lloraba a grito pelado.

Al día siguiente sus papás llegaron a casa de la abuela a recogerlo. Su mamá moría de ganas de verlo y abrazarlo, pero Diego no estaba muy dispuesto a mirar a su madre. Más bien actuaba como ante una extraña que traía un bulto entre sus brazos.

Su madre se inclinó y le mostró al bebé que cargaba: "Es tu hermanita, Diego". Él notó algo en sus orejitas y preguntó, señalando: "*¿Qué et eto?*" "Son aretes", dijo su madre. Diego se tocó sus propias orejas y dijo: "*Yo no teno... aretes*". Su mami le explicó cómo existe la costumbre de vestir a las niñas de rosa y a los niños de azul y cómo también se acostumbra poner aretes a las niñas.

Diego había tenido fiebre por una infección en la garganta y su madre no lo dejaba acercarse mucho a la bebé. La abuela le dijo: "Dale un beso a tu hermanita". Diego se acercó y la besó en su boquita. Todos se rieron. Luego le dijeron: "En su boquita no; dale beso en su cabecita". En seguida su papá lo cargó, lo abrazó y lo besó. Su mami se acercó también, lo acarició y le dijo: "Eres un hijo precioso". Diego se sentía feliz.

 # *Cuidado del bebé*

Casi acababan de llegar a su casa, cuando Diego escuchó que su mamá iba a dar de comer a su hermanita recién nacida. Luego la vio dirigirse hacia su recámara. Diego no entendía por qué su madre no iba a la cocina, si él había aprendido que, para preparar la comida, su madre solía abrir el refrigerador, sacar de él algunos alimentos y preparar cosas ricas sobre el fuego de la estufa.

Pasado un rato, Diego entró al cuarto de sus papás y encontró a su madre meciéndose en una silla, con la bebita en brazos. Él no advirtió nada especial, pero su mami le dijo: "Ven, Diego, acércate. Mira cómo le doy lechita a la bebé". Diego se acercó y vio cómo su hermanita chupaba el pecho de su madre. Después de un rato, su mami la colocó contra su hombro y le dio unos golpecitos en la espalda. La pequeña hizo un ruidito y la madre dijo: "Tu hermanita tiene que sacar el aire que traga junto con la leche, para eso le doy estos golpecitos en la espalda. Fíjate cómo saca el aire". Diego la escuchó repetir.

En seguida su madre se apretó un poquito la parte más saliente de su pecho y enseñó a su hijo cómo le brotaba un líquido blanco como la leche. Entonces dijo a su pequeño: "Esto que ves aquí se llama pezón y de allí sale leche para que yo pueda alimentar a tu hermanita. Cuando tú eras un bebé, yo te alimenté a ti de la misma manera y eras un tragón. A veces te quedabas dormido mientras comías y yo tenía que despertarte para que no te fueras a quedar con hambre porque entonces me pedías de comer a cada ratito".

Después la bebita comió del otro pecho de su madre y de la misma manera que antes, su mami la hizo repetir para sacar el aire que había tragado. En seguida dijo a Diego: "Ahora voy a cambiarle el pañal a tu hermanita. Fíjate cómo lo hago". La mamá colocó a la bebé en un mueble alto y acercó para Diego una sillita con el fin de que pudiera subirse y ver a su hermanita. Su mami le hizo notar que la bebé no tenía pene y le dijo: "Así como tu hermanita usa aretes y tú no, hay otras cosas que distinguen a los niños de las niñas. Fíjate cómo la bebé no tiene pene. Ella tiene una vulva" —dijo su madre— señalando los genitales de la nena. "Tanto el pene como la vulva se llaman genitales".

Cuando acabaron de cambiar a la nena, Diego vio cómo su madre la acostó en una cunita que había puesto algunos días antes junto a su cama y le dijo: "La nena va a quedarse unos meses conmigo y con tu papi en nuestro cuarto, para que yo la escuche si llora por las noches. Cuando crezca un poquito, la pondremos en el otro cuarto, contigo. Cuando tú eras bebé, también dormiste en nuestra recámara varios meses".

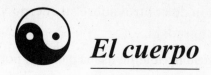 # *El cuerpo*

Un día Diego acompañó a su mami al "súper". En la lista de cosas que comprar figuraban pañales desechables para su hermanita y también para él. Su mami escogió una bolsa de pañales rosas para su hermana y otra verde para él. Luego le dijo: "Tú pronto vas a dejar de usar pañales porque ya vas siendo mayorcito".

Diego aprendió que era muy agradable empezar a tener control sobre su cuerpo. Su mamá acostumbraba sentarlo en una bacinica azul que le compró. Le divertía sentarse allí porque su "nica", como él la llamaba, tenía adherido un pequeño teléfono con el que podía jugar. Después de estar allí un rato y de que su mamá comprobaba que no había hecho "popó", ella le volvía a poner su pañal y Diego se iba a jugar. Diez minutos después, su mamá lo tenía que cambiar.

Sin saber por qué, Diego disfrutaba viendo cómo su mamá se incomodaba al ver que él, en lugar de haber hecho popó en su bacinica, se había esperado hasta estar vestido de nuevo y entonces la dejaba salir. Así aprendió que podía controlar a su mami. Esa sensación de control sobre su cuerpo y sobre su madre era agradable.

Ultimadamente si su hermanita usaba pañales, por qué él no; además él le pidió a su mami un chupón para él solito, así como su hermana tenía uno. A veces Diego notaba que su hermanita perdía el chupón de la boca y empezaba a llorar, pero en seguida se metía uno o dos de sus dedos dentro de su boquita, los chupaba y se calmaba. Diego hizo lo mismo y descubrió que chuparse el dedo era agradable.

Diego disfrutaba mucho las caricaturas y aunque apenas tenía dos años, sabía perfectamente encender la videocasetera y poner a correr su película favorita que era *Charly Brown* y *Snoopy*. Él veía la película con atención, y, al terminar, la retrocedía completa para volver a verla de nuevo. Ver a Snoopy era muy agradable.

A Diego le gustaba ayudar a su mami a bañar a la bebé. Él le ponía jabón en su cabecita y luego, junto con su mami, enjuagaba su cuerpecito.

Había aprendido muy bien la rutina: después de secar a la nena, su mamá solía untarla con aceite o loción. A Diego también le gustaba cooperar con esa tarea. Ayudar a su madre era agradable.

Su mami le explicó que así cuidaban la pielecita de la bebé y también la estimulaban para que creciera sana y muy inteligente. Diego le pidió a su mami que le untara loción a él. Ella le prometió que lo haría después del baño. Por la noche, una vez que terminó de bañarlo, antes de ponerle la pijama, le untó crema en todo el cuerpo. Diego se dio cuenta de que eso era muy agradable.

Diego había aprendido muy bien que los niños tienen pene y las nenas vulva. Sabía que la orina salía por el pene porque a veces, bañándose, la había visto salir. Y su hermanita ¿cómo hacía pipí? Su mamá enseñó a Diego cómo su hermanita tenía distintos orificios en su vulva. "Por aquí" —le dijo señalando un diminuto orificio— tu hermanita hace pipí". "Por acá —le explicó señalando otro— cuando ella crezca y sea mamá como yo, tendrá sus bebés". Diego no entendió cómo podía ser eso, pero tampoco le interesaba mucho investigarlo, así que, después de decir: "*Amo mucho. Manita linda. Nena linda*", se fue a jugar.

Aunque le costó más de varias semanas, poco a poco, Diego aprendió a hacer popó en su bacinica. Su mami le explicó que tanto los niños como las niñas tienen otro orificio por donde eliminan su *popolina*. A Diego le gustaba ver lo que él había hecho dentro de la bacinica.

Un día cuando Diego ya había cumplido tres años, su mamá lo corrigió porque estaba tocándose el pene.

Ella le dijo: *"No, mi vida, el pene es para hacer pipi"*. Diego no volvió a hacerlo, pero se dio cuenta de que había sido agradable.

A Diego le gustaba sentarse con su mami en la mecedora, mientras ella alimentaba a su hermanita. También le gustaba sentarse en su regazo para que ella le leyera un cuento. Disfrutaba mucho cuando su papá lo abrazaba al llegar del trabajo por las noches. El contacto y las caricias le parecían muy agradables.

Una tarde su tía lo llevó al cine. Era la primera vez en su vida que Diego iba a ese lugar y aunque no tenía claro hacia dónde se dirigían, pronto se dio cuenta de que el famoso cine era un sitio donde podían verse películas igual que en la televisión, pero en una pantalla muchísimo más grande. Esa tarde Diego disfrutó viendo *Dumbo* y aprendió que los animales también desarrollan cariño y ternura. Lo que más le gustó fue ver cómo la madre de Dumbo arrullaba a su hijo. Apreciar manifestaciones de cariño era agradable.

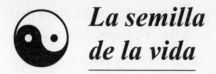

La semilla de la vida

Una noche Diego vio que su papi trajo un ramo de flores para su mami. "Mm" —murmuró—, cuando su mamá se las mostró y le dijo: "Huélelas, amor". "Hoy es mi cumpleaños y tu papi me trajo este regalo".

Diego vio cómo su mami ponía las flores dentro de un florero lleno de agua. Al día siguiente, durante la comida, oyó que su mamá decía a su papá: "Me gustaría tener siempre flores en mi casa. Voy a hacer un pequeño jardín".

Su papá compró un libro donde había muchas fotografías de distintas flores y su mamá estuvo revisándolo durante varios días. Finalmente dijo a los hombres de la casa: "Necesito su ayuda. Ya sé qué voy a plantar, pero me gustaría que me ayudaran".

Juntos compraron unos sobrecitos que contenían algo que hacía un ruido parecido a la sonaja de la bebé. Cuando su mami abrió los sobres, Diego vio unas cositas pequeñas como puntitos. Colocó en la manita de su hijo algunos de ellos y le dijo: "Éstas son semillas. Las vamos a meter dentro de la tierra. Si las regamos con cuidado, en unos pocos días empezarán a brotar unas plantitas. Así podré tener rosas en mi jardín, igualitas a las que tu papi me regaló".

Una tarde su papá llegó muy misterioso y dijo algo a su madre. El niño vio cómo sus papis platicaban, reían, se daban un beso, y, después que su papá caminaba hacia él. Su padre tomó a Diego, lo sentó sobre sus piernas y le dijo: "Tengo un amigo en la oficina que tiene una perra que pronto tendrá cachorritos. Él me preguntó si queremos verlos cuando hayan nacido. ¿Tú que dices, hijo?" Diego sólo sonrió.

Días después su papi lo llevó a casa del amigo y vio siete perritos recién nacidos. Todos tenían los ojos cerrados y pensó que estaban dormidos, aunque los oía hacer ruiditos y arrastrarse hasta su madre.

Su papá le explicó que los perros nacen con los ojitos cerrados y pasan varios días antes de que los abran. "Los bebés de las personas nacen con los ojos abiertos, pero no creas que ven muy bien. Cuando tu hermanita estaba recién nacidita, sólo veía nuestras sombras; en cambio sí escuchaba muy bien nuestra voz. Después de unos meses, ya podía ver bien y distinguir nuestros rostros".

Su papá le explicó que los cachorritos se alimentaban de su madre. Eso Diego lo entendió muy bien. "Las mamis tienen leche para sus bebés" —pensó.

Más tarde se enteró de que sus papis estaban pensando comprarle un perrito, pero esta vez no le dijeron nada, pues deberían pasar dos meses antes de que pudieran separar a los cachorros de su madre.

Cuando Diego y su papá llegaron a la casa, su mami estaba contenta. Les dijo que ya empezaban a brotar plantitas de las semillas. Diego fue a mirar el jardincito y comprobó que era cierto. Esa noche su mamá le leyó un libro con lindas ilustraciones, en donde Diego aprendió cómo se reproducen las plantas y los animales. Eso le pareció muy interesante.

Pasó un tiempo y un buen día ya había flores en el jardín. El papá de Diego hizo una pequeña cerca para proteger las plantas de "Shailo". Ése era el nombre que Diego había puesto a su cachorro.

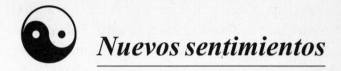# *Nuevos sentimientos*

La hermanita de Diego siguió creciendo y tal como su mami lo había anunciado, la pasó al cuarto junto con él. Un buen día su mamá lo encontró metido dentro de la cuna de la bebé. ¡Pues es que le daba tentación! El niño provocó que la pequeña se despertara y comenzara a llorar. Diego recibió una buena llamada de atención. En otra ocasión le tocó un santo regaño porque jaló y golpeó a su hermanita. "Tonta" —le decía. La mamá entendió que Diego estaba empezando a sentir las desventajas de tener una bebé en casa y procuró dedicarle un tiempo para él solito a fin de que se sintiera importante y querido.

Los meses transcurrieron y pronto la nena aprendió a caminar. El papá mandó construir un pequeño chapoteadero en el jardín y allí pasaban ratos divertidísimos. Tanto Diego como su hermanita gozaban del agua tibia de la alberquita y disfrutaban jugando con la manguera. Diego notó que su hermanita y él usaban trajes de baño diferentes, pero nunca dijo nada al respecto.

Poco antes de que naciera su hermanita, aproximadamente hacía ya un año de esto, Diego había comenzado a ir a un sitio que su mami llamaba "cuarto de bebés". En ese lugar, Diego conoció muchos niños y niñas. Allí recibió sus primeros golpes y también aprendió a defenderse. Aprendió muchos juegos, canciones y también a realizar muchas tareas. Su actividad favorita era jugar en la arena. Cuando su mami venía a recogerlo, ¡qué coraje sentía!

El tiempo pasó y Diego y su hermana crecían. Un buen día, cuando él tenía ya cuatro años, tuvo que pasarse a otra escuela más grande. La primera vez que su madre lo llevó a ese lugar, tuvo que presentar un examen igual que otros niños. Pidió a su mami que entrara con él al salón donde lo examinarían. Es que sentía un poco de miedo. Su mamá le explicó que no podía acompañarlo. Diego sintió que nunca le perdonaría eso. Comprobó, nuevamente, que es posible tener sentimientos desagradables, incluso, hacia las personas que amamos.

La escuela nueva estaba más lejos de casa y su madre tomaba turnos con otras mamás para llevar y traer a los niños, cada una, un día distinto. Así fue como Diego empezó a convivir con niños mayores y a conocer otras costumbres.

Como él estaba acostumbrado a hablar con su mamá de todo lo que le pasaba, un día le expresó que ya no quería ir a la escuela acompañado de otros niños. Ella preguntó por qué. Diego respondió que los niños mayores lo molestaban y que se divertían enseñándole sus penes.

Los padres de Diego le habían enseñado que el cuerpo es bueno. Por eso no entendía la razón de su propia incomodidad. Algo vio en las caras de los otros niños, algo que le hizo sentir como que era malo. Eso le desagradó.

"Distintas familias educan diferente a sus hijos" —le explicó su madre. "Tal vez ellos ven al cuerpo con malicia". Ésta fue una nueva palabra que Diego aprendió. Sus papás se ocuparon de arreglar el asunto. También enseñaron a su hijo algunas formas de responder a esos comportamientos. Aquellos episodios nunca volvieron a ocurrir.

En esta nueva escuela, Diego empezó a aprender inglés. Maruca era su maestra. Ella lo quería mucho y él a ella, también. Qué padrísimo fue aprender a leer. Para su casa, la maestra le dejaba hacer distintas tareas: planas, sumas, dibujos, lecturas.

En la escuela, también, Diego aprendió muchas nuevas palabras. Él solía preguntar a sus papás qué significaba tal o cual cosa que había escuchado decir a los otros niños. Ellos siempre le explicaban y le decían cuáles palabras debía tener cuidado de no

pronunciar delante de ciertas personas. Diego era muy listo y aprendió con rapidez que hay comportamientos adecuados y otros que no lo son y aunque en un principio no había estado feliz de ingresar a esta escuela, poco a poco, se sintió más y más bien.

Se sentía grande porque ya usaba mochila, hacía tareas y asistía a una escuela distinta a la de su hermana. Aunque la quería y la protegía, ¡cómo le disgustaba que ella tomara sus juguetes!

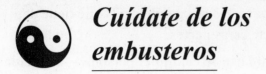

Cuídate de los embusteros

Diego tenía un vecino que se llamaba Manuel. Cuando Manuel tenía tres años, su mami se enteró de que un primo mayor había abusado sexualmente de él. ¿Qué significa esto?

Hay personas que tienen dificultad para relacionarse con gente de su edad. Pueden ser hombres o mujeres adultos, pero también pueden ser niños más grandes que tú o incluso jóvenes. Por alguna razón estas personas buscan a gente menor, para hacer cosas inadecuadas: les gusta desvestir a niños pequeños y jugar con sus partes íntimas.

Las partes íntimas de una persona son justamente aquellas que quedan cubiertas por la ropa interior (que también se llama ropa íntima porque cubre esas partes). Cuando te desvistes para bañarte, quedan al descubierto tus partes íntimas. Se llaman genitales.

Por lo general, quienes abusan sexualmente de los niños son embusteros, engañosos y perversos. Tienen malos sentimientos y no les importa hacer daño a los demás. Se valen de trucos, de mentiras y de trampas para tener acceso a sus genitales. Nadie tiene derecho a tocarte estas partes.

Debes cuidarte de cualquier persona —conocida o desconocida— que sientas que te toca de manera extraña o que te mira con expresión maliciosa. Pon atención si alguien empieza a ser demasiado amable contigo en situaciones que consideras inapropiadas. Pueden ser artimañas para que empieces a tenerles confianza y les sea más fácil abusar de ti.

Aunque todavía eres un niño, tienes capacidad para cuidarte a ti mismo; no estás solo. Apóyate en personas de tu plena confianza. Si sientes que alguien te invita a hacer cosas extrañas o vergonzosas, busca ayuda. No permitas que nadie te toque o acaricie ni por encima ni por debajo de tu ropa. Está bien que tus papás y tu pediatra te vean desvestido, para revisar si estás sanito. Pero cuando adviertas que otras personas quieren empezar a desvestirte y te dicen que guardes el secreto, habla de esto con tus padres en seguida. No beses a gente que no conoces, a menos que tus papis te digan que está bien. No hables de sexo con otras personas sin el consentimiento de tus padres.

Las personas que gustan de molestar sexualmente a los niños suelen buscar a los que son aislados y callados; por esta razón es fundamental que no juegues solo en la calle ni en los parques, sino que busques niños de tu edad. Esta gente también acostumbra esconderse en lugares poco transitados, por lo cual debes evitar este tipo de sitios.

No hagas cosas que te avergüence contar a tus papás, ni siquiera si te lo propone una persona conocida, un amigo o un pariente. Si adviertes algo que te apena, asusta e incomoda, aléjate y cuéntaselo a tus padres. Nunca te vayas con desconocidos aunque te aseguren que son amigos de tus papás, ni siquiera cuando te llamen por tu nombre o conozcan tu apodo. No aceptes invitaciones de personas sin pedir permiso a tus papás. No digas tu nombre a los desconocidos, ni les informes dónde vives; no le digas a un extraño que te quedarás solo en casa, ni abras jamás la puerta a un desconocido.

¡Cuántas recomendaciones! ¿Verdad? Es mejor así, porque no todas las personas son buenas. Algunas actúan con malicia y perversidad. Es importante que lo sepas.

El amor familiar

Cuando la vida te concede el don de conocer y disfrutar del amor de tus seres queridos, puedes entender por qué se dice que la vida es maravillosa. Pertenecer a una familia armoniosa, en donde todos se aman y se respetan, es un verdadero regalo.

Tú puedes estar seguro de que tus papás te aman cuando ves que cuidan de ti y que se empeñan en ayudarte cuando tienes algún problema. Ellos también manifiestan su amor a través del tiempo que pasan contigo. Tal vez no pueden estar junto a ti tanto como ellos quisieran, pero tú podrás darte cuenta de que se esfuerzan por hacerlo: es algo que se nota.

Fíjate cómo disfrutan participando de tus actividades o realizando cosas contigo. Eso es amor.

Tú puedes advertir su amor incluso cuando te regañan y te llaman la atención. Aunque estén enojados, podrás estar seguro de que te quieren cuando hacen todo lo posible por escucharte y comprenderte. Eso no significa que vayan a darte todo lo que les pidas. Eso no es el amor.

Entre otras cosas, su amor tiene que ver con gozar viendo cómo creces, aprendes cosas nuevas, te sientes y te muestras cada vez más seguro y confiado, superas tus errores, logras tus metas. Si ellos te quieren, les gustará ver como cada día te haces más independiente. Esto quiere decir que cada vez necesitas menos de su ayuda.

Tus papás te manifiestan su cariño cuando te dan la oportunidad de adquirir conocimientos y experiencias que te permiten conocerte a ti mismo, entender lo que es la vida y descubrir la maravilla de compartir el bien con los demás.

El amor en la familia crece cuando los hijos y los papás comparten lo que piensan y lo que sienten. Después de la lectura de esta pequeña obra seguramente hay muchas cosas dentro de tu mente y de tu corazón. ¿Qué te parece si las hablas con tus papás?

SEGUNDA PARTE

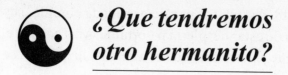

¿Que tendremos otro hermanito?

Ana Lorena tenía cinco años y su hermano Gerardo, siete. Ellos se divertían mucho experimentando infinidad de juegos. Una mañana estaban en el jardín, cuando su mamá los llamó y les pidió que subieran al baño.

Sobre la repisa del lavabo, pudieron ver algo que su madre les mostró. Era un como anillo de color café dentro de un líquido amarillo. ¿Qué rayos será esto? —pensaron ambos hermanos. Su mami les dijo: "Van a tener un hermanito. Por eso me he sentido tan mal estos últimos días. Estoy embarazada".

Los dos niños brincaron y gritaron de alegría. Ya sabían muy bien, porque sus papás les habían explicado, que los bebés se forman dentro del vientre de sus madres, pero preguntaron a su mamá cómo podía saber que estaba embarazada mediante eso que les mostró sobre el lavabo. También los llenaba de curiosidad el hecho de que su madre no se sintiera bien. ¿Qué tenía que ver eso con un bebé?

Su madre les explicó que cuando una mujer va a tener un hijo, todo cambia en ella: su sangre, su orina, su olfato, sus gustos por determinada comida, sus hábitos de estar despierta o dormida. Más adelante, conforme el bebé crece dentro de ella, lo que más se modifica es su cuerpo.

Los cambios en la orina de la mamá se muestran mediante ese anillo oscuro que se forma cuando se combina con una sustancia especial que se vende en la farmacia.

Los papás de Ana Lorena y de Gerardo les habían comprado muchos libros. La mayoría de ellos contenían ilustraciones que les ayudaban a entender cómo se ve un bebito dentro de su madre. A ellos les encantaba examinar esas fotografías y dibujos. Los revisaban con bastante frecuencia.

Su mamá tomó uno de esos libros y les enseñó de qué tamaño era y qué forma tenía en ese momento el bebé que estaba dentro de ella.

Después que les mostró unas cuantas ilustraciones, dejó el libro para que ellos siguieran viéndolo hasta el final. Aunque ellos habían hojeado ese libro infinidad de veces, ahora, que su mami iba a tener un bebé, todo les parecía distinto y tenían nuevas preguntas que plantear y una curiosidad mayor que satisfacer. Además, ya habían crecido otro poco y podían entender mejor algunas cosas que su mami les había explicado hacía algún tiempo.

Durante varios minutos estuvieron mirando las ilustraciones donde se mostraba cómo nace un bebé. Entonces preguntaron a su madre: "¿Esto te va a doler?" Ella les explicó que sí duele, pero más con el primer hijo. "Gerardo, cuando tú naciste, hubo un momento en que me sentí absurda por querer tenerte sin ninguna anestesia. Yo le pedí al doctor que no me anestesiara. La anestesia sirve para que no se sienta el dolor".

Su mami continuó: "Yo me entrené para tenerte mediante parto psicoprofiláctico. Ésta es una técnica con la cual unas personas entrenadas ayudan a la madre a tener su bebé sin ninguna anestesia. Yo me preparé con una persona muy profesional y me sentí muy orgullosa de poder tenerte sin anestesia, porque pude sentirme más cerca de ti. Pero en algún momento, cuando el dolor era más intenso, pensé que estaba despreciando años de avance en la medicina y me sentí medio chiflada".

"Cuando nació tu hermana, todo fue mucho más rápido; tanto, que prácticamente no tuve dolor. Imagino que con este bebé las cosas serán más sencillas. Podrá salir a través de mi vagina con mayor facilidad". Su madre ya les había explicado alguna vez que las mujeres tenían un orificio por donde nacen los bebés y aunque no hubieran podido recordar su nombre, al

momento de escuchar la palabra vagina, entendieron perfectamente lo que su mami quería decirles.

La mamá de Ana Lorena y de Gerardo se sintió feliz de que con este embarazo, ella podría compartir con sus hijos mucho de lo que les había explicado mediante los libros. Todo sería más comprensible y cercano para ellos.

Una costumbre bastante frecuente de su mamá era interrogarlos. Un día les preguntó: "¿Saben ustedes cómo me embaracé?" Ella les había explicado varias veces qué hacen los papás para tener un bebé, pero ese día comprobó que a sus hijos esas explicaciones no les habían quedado muy claras, puesto que no supieron qué contestar.

Hasta hace unos dos años, Ana Lorena y Gerardo se habían bañado juntos, pero un día sus padres decidieron separarlos a la hora del baño porque Ana Lorena se divertía tocando y jalando el pene de su hermano y su madre les había advertido que podrían lastimarse. Además, les había dicho que el pene era importante para que, cuando Gerardo creciera, él pudiera convertirse en papá.

Sus padres no veían mal la desnudez, incluso sabían que era normal que en ocasiones tanto los niños como las niñas quisieran mostrarse desnudos uno al otro o que jugaran "al doctor", pero creyeron que ya podría ser un momento adecuado para ir propiciando la intimidad de cada uno de ellos, porque, de hecho, ya cada uno tenía su propia recamarita.

Ambos hermanos sabían muy bien que los niños tienen pene y las niñas vulva, la cual contiene dos orificios: el de la uretra que da paso a la orina y el de la vagina. Su mami les había dicho que esto permitía que, al crecer, los niños pudieran convertirse en papás y las niñas en mamás.

No obstante, Ana Lorena sorprendió a su mami cuando alguna vez comentó: "Cuando yo era niño...". En otra ocasión su madre escuchó con atención que Ana Lorena decía: "Cuando yo tenía pene...". Esto había permitido que la mujer se diera cuenta de que aun cuando ella trataba de explicarles las cosas de la mejor manera posible, los niños tienen sus propias fantasías y teorías sobre la vida.

Por eso le gustaba plantearles preguntas, para saber qué tanto habían asimilado de sus explicaciones anteriores. Esto le permitía corregir las ideas equivocadas.

Su mami les había dicho que tanto los hombres como las mujeres desarrollan dentro de sus cuerpos unas semillas que deben juntarse para formar un bebé. Como cada uno de los esposos tiene sus propias semillas, es necesario que alguno de ellos deposite sus semillas en la otra persona. Esto era posible gracias al pene y a la vagina. A través del pene, las semillas del padre podían salir de su cuerpo para ser depositadas dentro de la vagina de la mujer, durante un acto llamado relación sexual.

Cuando su madre les explicó las cosas de nuevo, ambos hermanos comenzaron a entender mejor por qué los niños y las niñas son diferentes. El tener cuerpos distintos hace posible que se conviertan en padres, una vez que crecen y se hacen mayores.

Tanto a Ana Lorena como a Gerardo les costaba trabajo imaginar que sus propios padres habían sido niños alguna vez, pero su mami tomó unos álbumes de fotografías y les mostró cómo ellos fueron de niños. Allí vieron fotos de sus abuelos —aunque en realidad era difícil pensar que esas personas jóvenes y vigorosas eran las mismas que ahora llamaban abuelitos. De hecho, para este momento, ya habían muerto dos de los abuelos.

A los hermanitos les divirtió mucho ver fotos de sus propios padres cuando eran niños. Escuchaban con atención todo lo que sus papás comentaban sobre aquellas fotografías y creían lo que ellos decían, sólo porque eran ellos quienes lo decían, pues quién iba a reconocer que esos bebés y esos niñitos despeinados y juguetones pudieran ser sus propios papás.

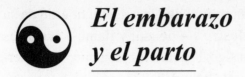

El embarazo y el parto

Ana Lorena y Gerardo sabían que su mamá se había estado sintiendo mal. Cuando llegaban de la escuela, muchas veces la encontraban recostada y su papá casi tenía que rogarle para que se sentara a comer con el resto de la familia. No tenía hambre; lo único que apetecía era dormir.

Ya habían pasado esos días en que su mami, de pronto, tenía que correr al baño porque necesitaba volver el estómago. Ella les había dicho que no tenían de qué preocuparse, pues eso era normal en las mujeres embarazadas. Pero esos meses ya se habían quedado atrás. ¿Qué le ocurría ahora?

El doctor explicó a la mujer que ella ya no estaba tan joven como cuando había tenido a sus primeros hijos y que tenía que cuidarse mejor que antes.

Los niños recibieron invitaciones a las que no pudieron asistir, porque su mamá se mostraba indispuesta para hacer el esfuerzo de llevarlos. Se sentía débil. Para ellos quedarse en casa no representó mayor problema, pues disfrutaban jugando juntos.

Un día la mujer notó que le salía un líquido de su pecho. "Es calostro" —pensó, y llamó a sus hijos para mostrarles algo. Primero les preguntó: "¿Recuerdan que las mamis tienen leche para alimentar a sus bebés recién nacidos?" Ellos dijeron que sí; entonces ella se descubrió un poco el pecho y oprimió la parte del pezón: un chisguete de leche salió impactado hacia el frente. Eso, por supuesto, divirtió mucho a los niños.

Ella les explicó que sus senos ya estaban preparados para alimentar al hermanito que pronto nacería. "La época de la lactancia —les explicó— es cuando una madre amamanta a su bebé. Amamantar o dar de mamar significa ofrecer el pecho o el seno al bebé para que se alimente de su leche".

Ya había llegado la fecha en que el médico había dicho a la señora que posiblemente nacería el bebé y aun cuando ella no experimentaba realmente dolor, sí sentía que cada vez con mayor frecuencia su estómago se ponía duro como una piedra. Ella sabía que ya estaba próximo el parto. Así que dijo a sus hijos: "Son contracciones. Sirven para ir empujando al bebé hacia el canal vaginal". Entonces tomó un libro y les mostró cómo la cadera y la pelvis de la mujer se van abriendo para dar paso a la cabecita del bebé al momento de nacer.

Esa misma noche, Gerardo y su hermanita fueron a dar a casa de sus tíos porque sus papás se fueron al hospital. Una nueva hermanita nació casi en seguida. ¡Qué suerte que decidieron irse al sanatorio, aun cuando su mami no sentía "dolores de parto"!

Al otro día, su papá los llevó a la clínica a ver a su hermanita y al siguiente ya estaba su mami de regreso en la casa con Sandy, la nueva bebé.

Era como una fiesta, como Navidad, como algo muy especial... Su mami les dijo: "Con mucho cuidado, pueden cargar a su hermanita". Gerardo no quiso hacerlo. Realmente veía muy fea a la nena y además le daba un poco de temor, aunque no dijo nada. Ana Lorena era más atrevida y ella sí quiso cargarla. ¡Se veía tan hermosa! Una sonrisa le invadía toda su carita. Apenas iba a cumplir seis años, pero era toda una hermana mayor.

Gerardo vio que no pasó nada malo, sólo entonces se atrevió a cargar a la pequeña. Su papá les dijo: "Sandy ha traído para ustedes unos regalos" y dio a cada uno de sus hijos un pequeño paquete que abrieron con impaciencia. Dentro encontraron lindos juguetes. "Eso de tener hermanitos resulta muy conveniente" —pensaron los dos.

Ambos hermanos se acostumbraron pronto a ver a su madre en la mecedora alimentando a la bebé.

Durante varios días su mami no bajó para nada ni a la cocina ni al comedor ni a la sala; se quedó todo el tiempo en la parte superior de la casa. El papá compraba comida preparada y todos comían arriba. Era muy divertido.

Diferencias entre niños y niñas

Una tarde que los niños regresaron de la escuela encontraron a la pequeña Sandy, desnudita, sobre una toalla que su mami había puesto en la alfombra de su recámara, en el único rincón por donde el sol penetraba a través de la ventana.

Sandy era muy pequeñita todavía y su mami les explicó que es importante para los niños recibir bañitos de sol. En un momento ambos hermanos se empezaron a reír: la bebé había dejado salir un chorrito de pipí, que primero se dirigió hacia arriba, pero que pronto se curvó hasta caer sobre la toalla.

Su mami les dijo: "Esto les parece divertido, ¿verdad?, si supieran cuántas veces Gerardo, cuando era bebito, me mojó mientras yo intentaba cambiarle el pañal. Eso es lo que ocurre con los niños. Como tienen pene, la orina sale en un chorro como a través de una pequeña manguera. Después de varios baños que me diste, jovencito, al tiempo que te cambiaba aprendí a cubrirte". Los hermanos se rieron a carcajadas.

La mamá de Sandy vistió a la nena para bajar a comer con su familia y dejó a la pequeña en su cunita.

Por la tarde, Gerardo tenía clases de karate. Sus papás lo habían inscrito unos días antes y ya tenía su uniforme completo. Ana Lorena quiso observar el entrenamiento. Su hermano todavía no participaba en combates, pero los mayores sí. La niña vio cómo luchaban protegidos con un objeto llamado "concha".

En el camino de regreso a casa, Ana Lorena preguntó a su madre para qué servía ese objeto que los niños usaban sobre sus genitales. La mujer le explicó que los testículos son muy sensibles y no deben lastimarse porque, además de que duele muchísimo, los testículos son muy importantes y delicados. La concha sirve justamente para proteger los testículos y el pene de los niños. "En las mujercitas los órganos son internos y no necesitan una protección semejante a la concha porque el mismo cuerpo los protege", agregó.

Antes de que Gerardo y Ana Lorena cenaran, su madre dio el pecho a la hermanita pequeña y ellos le ayudaron a cambiarle su pañalito. La nena estaba sucia de popó. Su mami les explicó que era muy importante limpiarle muy bien su vulva. Para eso usaba un aceite especial. También les dijo que las niñas siempre deben ser limpiadas desde adelante hacia atrás para evitar que la popó, que sale del ano, venga hacia la parte de la uretra y de la vagina.

El fin de semana toda la familia se fue de paseo a un balneario. En la alberca conocieron otros niños y niñas y pronto tenían un nuevo amigo, un poco mayor que ellos. Los papás de Ana Lorena y Gerardo estaban a un lado de la alberca platicando y jugando cartas. De lejos veían a sus hijos, pero les era imposible estar al tanto de su conversación. Más tarde Ana Lorena dijo a su madre que ese niño le había dicho que quería verle la vulva y que para ello podían esconderse en algún lugar.

Su mami les explicó que hay muchos niños que son así, y que, si algo parecido les volviera a ocurrir, simplemente dijeran que no y buscaran otros amiguitos. Ella les preguntó: "¿Por qué creen que ese niño haya hecho eso?" Ana Lorena dijo: "Tal vez no tenga una hermanita o nunca haya visto cómo es una niña".

La mujer les dijo que ese niño parecía tener una idea equivocada del cuerpo, porque daba la impresión de querer hacer algo a escondidas. Les explicó que debemos cuidar nuestro cuerpo y, sobre todo, estar preparados porque muchas personas lo ven con *morbosidad*. Ésa fue una nueva palabra para los niños. "Morbosidad —dijo su padre— quiere decir que una persona se siente atraída por las cosas desagradables, crueles, prohibidas o malas. Aun cuando la sexualidad es algo natural, ese niño lo ve como si fuera algo sucio o prohibido, por eso su mamá habló de morbosidad".

"¿Qué es la *sexualidad*?" —preguntaron los niños. Su papá les explicó que era todo aquello que se refiere al ser hombre o ser mujer, a las diferencias que hay en sus genitales, al hecho de que los varones tienen pene y testículos, mientras que las mujeres tienen vulva con clítoris y vagina. "La sexualidad, les dijo también, tiene que ver con la manera como nos relacionamos con otras personas, sean o no del mismo sexo".

Su mamá aprovechó que iba a cambiar a la nena para mostrarles a sus hijos el clítoris de la pequeña Sandy, su uretra y su vagina. También les mostró el ano, recordándoles conceptos que ellos ya antes habían aprendido.

Su papá continuó: "La sexualidad también tiene que ver con el proceso de convertirse en padres, con el *coito* y con la *fecundación*". Nuevamente los chicos escuchaban palabras nuevas. Su mamá intervino: "El coito es el acto mediante el cual el hombre introduce su pene en la vagina de la mujer". Los niños sabían muy bien qué significaba esto, aunque nunca habían escuchado la palabra coito. Su papá agregó: "Algunas personas en vez de utilizar esta palabra, dicen 'tener relaciones sexuales' o 'hacer el amor'".

Ana Lorena estaba confundida también con respecto a la palabra "fecundación". Ella había escuchado hablar de los campos fecundos, de la abeja que fecunda la flor, de las parejas fecundas en hijos y ahora su papi hablaba de la fecundación como parte de la sexualidad. Entonces le preguntó qué significaba la palabra *fecundar*. Él les explicó que el proceso de la fecundación ocurre justamente cuando las semillas del padre llegan a las de la madre y penetran en una de ellas. "Esto es lo que permite" —dijo— "que se forme un nuevo ser".

"¿Cómo puede una abeja fecundar a la flor?" —preguntó Ana Lorena. Su papá le explicó cómo las abejas, con sus patitas, llevan las semillas de una flor a otra, permitiendo que se formen los frutos.

"¿Y qué es un campo fecundo?" —preguntó en seguida la niña. "Cuando hablamos de un campo fecundo queremos expresar que es muy verde; que está lleno de plantas o que tiene muchos árboles frutales" —respondió.

Los hermanitos escuchaban con atención. Por experiencia sabían que sus padres les contestaban todo lo que ellos preguntaban. Ana Lorena les dijo: "Ustedes saben todo". Ellos se rieron y, con cariño, su papi les dijo: "No todo, pequeños, ojalá supiéramos todo, pero ustedes pueden preguntar cualquier cosa que deseen saber. Ya veremos quién nos ayuda a resolverles dudas que nosotros no podamos".

La reproducción en los animales

Ana Lorena deseaba fuertemente tener un hámster, pero sus papás se oponían a ello porque de sobra sabían que las mascotas de los niños acaban siendo atendidas por los padres. Un día Gerardo y su hermana fueron a la casa de una prima mayor que solía cuidarlos cuando sus padres tenían algún compromiso. "Sería completamente feliz si tuviera un hámster", expresó Ana Lorena en algún momento.

Ni tarda ni perezosa, su prima, que la adoraba, le compró un hámster hembra. Esto no encantó a sus papás, pero menos todavía les agradó que, para su cumpleaños, una compañerita le obsequiara a Ana Lorena un macho, con lo que tuvo ya una pareja. A pesar de no estar contentos con la situación, aceptaron que la experiencia de las nuevas mascotas podría ser interesante para los niños y decidieron tomar el hecho con filosofía. Habían pasado pocas semanas cuando su papá les anunció que la hembra estaba "cargada". Ésa es la palabra que se utiliza para decir que una hembra de animal está embarazada.

Ana Lorena siempre daba muestras de ser muy afecta a los animales, pero el día que descubrió que estaban naciendo los pequeños hámster, empezó a gritar. Desde otra habitación, su madre escuchó aquellos gritos, sin saber si su hija estaba en dificultades, asustada, alarmada, preocupada o aterrada. De pronto la vio llegar colorada, jadeante y gritando. "¡Ya nacieron!, ¡ya nacieron!, ven mamá, ven, mira, ¡ya nacieron!"

Cuando su madre los vio, entendió por qué Ana Lorena había gritado tanto: las crías estaban horrorosas. Con justa razón se había impresionado tanto su hijita.

Conforme pasaron los días, los hámster fueron poniéndose más bonitos y todavía eran muy, muy pequeñitos, cuando a su padre se le ocurrió tomarlos entre sus manos y dejar que sus hijos hicieran lo mismo. ¡Qué agradable experiencia! Fue un momento lindo e inolvidable para todos. ¡Pero qué dura lección tuvieron que aprender! La madre hámster dejó de atenderlos. ¿Habría tenido que ver el hecho de que fueron tocados por manos humanas? ¡Qué mal se sintieron! Un acto que pretendió ser inocente acabó con la vida de las crías.

Su papá aprovechó el asunto para hablarles de un punto importante que los niños atentamente escucharon. "No consideré las posibles consecuencias de nuestra acción", les dijo. "Me gustó la idea de permitir que ustedes pudieran tocarlos. No siempre es bueno actuar impulsivamente. Me faltó conocimiento y los hámster pagaron por mi ignorancia".

Varias semanas después nació otra camada. En esta ocasión nadie se atrevió a interferir con el proceso natural de crianza de los pequeños. Los niños notaron que la madre tenía muchas tetillas para alimentar a todos sus hijos. ¡Cuántos eran!

Más tarde, cuando las crías crecieron y pudieron ser separadas de la mamá, Ana Lorena acompañó a su papá a regalarlas a un veterinario y decidieron separar al macho de la hembra porque aprendieron que estos roedores tienen bebés muy seguido. ¡Y quién podría hacerse cargo de tantos hámster!

Unos pocos días después, su padre trajo a la casa un bello libro con ilustraciones de animales. Allí pudieron aprender que los distintos animales difieren en cuanto a la cantidad de días que tardan en nacer a partir de la fecundación o fertilización. Su padre leyó un capítulo sobre los elefantes; así fue como se enteraron de que un bebé elefante necesita más de 500 días de gestación. La *gestación* —les explicó su papá— es el tiempo que pasan los bebés dentro del vientre materno a partir de la fecundación. Los humanos tienen un tiempo de gestación de aproximadamente 280 días y son las criaturas que necesitan más cuidados por parte de sus padres.

También observaron, aunque ya lo sabían, que algunos animales nacen de huevos. Su padre les explicó que los huevos no necesariamente dan lugar a que nazcan nuevos seres, sino que necesitan ser fertilizados por el macho. Luego les dijo: "En realidad todos los seres vivos provienen de un huevo o célula; lo que ocurre es que algunas hembras no ponen huevos como la gallina, sino que llevan los huevos por dentro de su cuerpo y allí es donde deben ser fertilizados por el macho. Esto es posible gracias al acto sexual que permite que las semillas del macho lleguen hasta los huevos que tiene la hembra dentro de su vientre. Al juntarse las semillas masculinas con las femeninas se forma un nuevo ser. Éste heredará características de cada uno de sus padres, por eso una perrita negra puede tener cachorritos negros, blancos, grises, cafés o manchados, dependiendo del color que tenga el macho que la fertilice".

Los papás de Gerardo y de Ana Lorena gozaron mucho leyendo este libro de animales porque también ellos aprendieron cosas muy interesantes. Algo que les llamó la atención es que las tortugas hembras almacenan dentro de sí mismas el semen del macho durante varios años; de esta manera pueden tener bebés en distintos momentos aunque no hayan vuelto a ser fertilizadas por un macho.

Los niños preguntaron qué significa *semen*. Su papá les dijo: "es un líquido que producen los órganos sexuales del macho; dentro del semen están contenidas las semillas que se depositan dentro de la hembra durante el coito". "¡Qué maravillosa es la naturaleza!" —pensaron los niños. "Todo está perfectamente diseñado para que la vida continúe".

Los chicos pidieron a su papá que los llevara al zoológico y así lo hicieron el siguiente domingo. Allí su papi les compró otro libro donde aprendieron cómo algunos animales tienen una sola cría en cada parto, mientras que otros suelen tener varias. Esto ocurre dependiendo de la cantidad de huevos que la madre tenga para ser fertilizados. Cuando los huevos son fertilizados por el macho, cada uno de ellos permite la formación de un bebé distinto. Si la hembra produce nada más un huevo, únicamente éste es fecundado, lo cual da lugar a un solo bebé.

Para el caso de los animales, existen algunas especies en las cuales las crías pueden caminar por sí mismas cuando tienen apenas unas horas de nacidas. Otras, en cambio, como los canguros y los pandas, nacen tan, tan pequeñitos, que sus madres los cargan dentro de una bolsa que tienen en su vientre donde permanecen varios meses alimentándose de la leche materna, hasta que crecen y pueden salir.

Ana Lorena y Gerardo eran tan "animaleros", que su papi les compró, a cada uno, un patito. Cuando pequeños, eran muy divertidos, igual que un juguete. Ana Lorena decidió que su patito podría disfrutar mucho si lo echaba por la resbaladilla del jardín. Esa experiencia le costó muchas lágrimas: el cuello del animalito se rompió y Ana Lorena corrió dentro de la casa con su patito entre sus manitas para mostrárselo a su mamá. "¡Ay nena! —dijo ella— ¿qué pasó, mi vida?"

Nuevamente la *ignorancia* y la *falta de experiencia* fueron causa de la muerte de una criatura indefensa. La lección que Ana Lorena adquirió fue muy triste, pero le permitió corroborar la necesidad del conocimiento. Sus papás aprovecharon el momento para reforzar que el *conocimiento* y el *cuidado* de los seres que amamos forma parte de la *responsabilidad* y del *respeto* que les debemos. Ana Lorena ignoraba que aquel pequeño ser era frágil. Le faltó conocerlo bien. En la siguiente oportunidad que su padre le compró otro patito, una hembrita esta vez, no volvió a deslizarlo por la resbaladilla. Actuó con responsabilidad y lo cuidó. Así la pata creció y llegó a ser adulta, igual que el pato que pertenecía a su hermano.

Un día Ana Lorena gritó porque vio que el pato estaba "lastimando" a la hembra. Él se había trepado

sobre de ella y hacían mucho ruido. Su papá se rió y le explicó que ellos se estaban *cruzando*. "No te preocupes, hija —le dijo—, eso es normal, no pasa nada. El macho tiene que pisar a la hembra para fecundarla". Así los niños aprendieron dos palabras nuevas: *cruzarse* o *pisar* eran otras maneras de expresar la relación sexual, sólo que se emplean cuando se habla de animales.

Un buen día encontraron dos huevos grandes en el jardín. "Son de la pata" —dijo su padre. Ellos pensaban que pronto nacerían dos nuevos patitos, pero esto nunca ocurrió. La pata jamás se sentó sobre los huevos para incubarlos. Su padre les explicó que la incubación era fundamental para que el huevo pudiera dar lugar a un patito. El calor del ave al sentarse sobre los huevos permite que éstos se desarrollen hasta convertirse en polluelos.

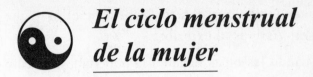

El ciclo menstrual de la mujer

Sandy había cumplido ya tres años y solía ir a jugar a casa de una vecinita que era un año mayor. Una tarde en la cual ambas niñas habían estado jugando con sus muñecas, sucedió algo que divirtió mucho a la madre de Anita —así se llamaba la amiguita de Sandy: las niñas habían tomado unas toallas sanitarias del baño y estaban colocándoselas a sus muñecas.

Cuando la mamá de Sandy pasó a recogerla, por la noche, la mamá de Anita le comentó, riendo, qué fue lo que había visto hacer a las niñas. A ella le pareció tan divertido como a su vecina. Ninguna de las dos habían sorprendido antes a sus hijas jugando así, aunque, pensándolo bien, no era digno de extrañar, pues ambas niñas estaban acostumbradas a ver cómo sus madres utilizaban toallas sanitarias algunos días del mes.

Al llegar a la *pubertad*, tanto los niños como las niñas empiezan a experimentar muchos cambios en sus cuerpos. Algunos son visibles, como, por ejemplo, el busto que empieza a crecer en las niñas o el bigote que comienza a salirle a los niños. Pero hay otros cambios que ocurren dentro de ellos y que no son visibles al exterior.

Cuando las niñas llegan a la pubertad, momento que marca el inicio de la *adolescencia*, comienzan a experimentar en su interior cambios en su matriz y *ovarios*. La matriz y los ovarios son órganos femeninos que están relacionados con la reproducción.

Cuando una mujer está embarazada, el bebito que lleva en su vientre en realidad crece dentro de una especie de bolsa que se llama útero o matriz. Algunos comparan la forma de la matriz a la de una pera invertida hacia abajo. Aunque tú no puedes ver la matriz, las niñas desde que nacen ya tienen una, la cual está colocada dentro de su cuerpo en la parte inferior de su pancita.

En cada una de las partes superiores de la matriz, es decir, tanto hacia la derecha como hacia la izquierda, existe una especie de túnel que se llama *trompa de Falopio*, el cual desemboca en un ovario. Lo normal es que cada mujer tenga una matriz, dos trompas de Falopio y dos ovarios.

Desde que una niña nace, tiene ya dentro de sus ovarios todos los huevos que madurarán tarde o temprano a partir de su adolescencia y que le permitirán llegar a ser madre un día. A partir de que la niña cumple 11 ó 12 años —pero en ocasiones antes o después— estos huevos, que se llaman *óvulos*, comienzan a tomar turnos para madurar, uno cada mes.

El proceso de maduración de los óvulos a veces puede acompañarse de un pequeño dolor en el vientre, nada terrible para la mayoría, aunque no para todas. Cada mes un óvulo madura dando la posibilidad a la mujer de convertirse en madre.

Un huevo por sí mismo no se convierte en un nuevo ser; para que esto ocurra, el huevo debe ser fertilizado o fecundado. Esto se hace posible gracias al contacto sexual.

Cuando una mujer tiene relaciones sexuales y es el periodo del mes durante el cual su ovario ha madurado un óvulo, los *espermatozoides* contenidos en el semen que el hombre deposita en su vagina viajan hacia arriba a través de la matriz y de las trompas de Falopio, donde se encuentran con el óvulo y uno de ellos lo fertiliza. Si esto ocurre, un nuevo ser se forma y nueve meses más tarde nacerá como un bebé.

Los espermatozoides son pequeñísimas células que contienen todos los rasgos que un hombre heredará a sus hijos en el momento de la *concepción*, de la misma manera que el óvulo de la mujer es el responsable de las características que ella herede a sus hijos. Los espermatozoides se forman en los testículos

de los hombres y tienen una cola o flagelo que les permite desplazarse.

Los *testículos* en el hombre y los *ovarios* en la mujer son las glándulas sexuales o gónadas que dan lugar a células especiales que se denominan *gametos* y que son los espermatozoides y los óvulos.

Al llegar a la pubertad, también los varones experimentan cambios dentro de su cuerpo. Algunas de estas modificaciones pueden apreciarse desde el exterior pero no todas. La transformación de su voz, la aparición de vello en su cuerpo, el desarrollo de su musculatura, todo esto se relaciona con las transformaciones que experimenta su cuerpo. Asimismo, los testículos empiezan a producir espermatozoides.

Pero ¿qué es lo que pasa si una mujer no tiene relaciones sexuales? Cada mes su cuerpo se prepara anticipándose a la posibilidad de ser embarazada. Para ello tapiza el interior de la matriz con una membrana especial donde puede implantarse el óvulo fecundado e ir creciendo hasta formar un bebé.

Cuando una mujer no queda embarazada, la capa interior de la matriz no tiene sentido de estar allí, puesto que no se requiere de ella y entonces se desecha al exterior. ¿Cómo?, mediante un sangrado. Esto es la *menstruación*.

Debido a que la mujer sangra durante unos días, las toallas sanitarias le permiten protegerse a sí misma y a su ropa interior para no mancharse. Por ello tanto la madre de Sandy como la madre de Anita se sintieron tan divertidas con los juegos de sus hijitas. Con apenas tres y cuatro años de edad, estaban plasmando en sus juegos hechos perfectamente naturales de la vida, a pesar de no entenderlos en su totalidad.

Tal vez te preguntes qué ocurre con el óvulo que no se fertiliza. Éste simplemente se desintegra y se incorpora al cuerpo de la mujer, y la historia continúa. El mes siguiente, un nuevo óvulo madura, pero esta vez en el ovario del lado opuesto.

Así es como las cosas acontecen la mayoría de las veces, sin embargo, puede ocurrir que dentro de una mujer maduren varios óvulos a la vez. En estos casos ocurren embarazos múltiples. Por eso una mujer puede tener cuatitos o trillizos o hasta más hijos a la vez.

No es raro que algunas mujeres, preocupadas por-que después de varios años de casadas no han podido tener hijos, se sometan a tratamientos especiales que provocan que sus ovarios maduren varios óvulos al mismo tiempo. Justamente esto es lo que da lugar al nacimiento a veces hasta de tres, cuatro, cinco o más niños. Estos partos, por ser tan raros, en seguida son noticia en los periódicos de todo el mundo.

Pleitos en familia

Era el cumpleaños de Ana Lorena y ella había invitado a varias amigas a comer y a jugar en su casa. Gerardo, para no estar solo, también invitó a un amigo. Al prin-cipio todo iba bien. Cada quien estaba entretenido en sus propios asuntos... hasta que empezaron los problemas.

Los chicos se sintieron un poco aburridos y decidieron entretenerse a costa de las niñas. De esta manera aprovecharon cualquier ocasión para burlarse de sus juegos, les pusieron apodos, intentaron mojarlas con una manguera y luego les escondieron sus mochilas. Lo que empezó como un juego acabó siendo una verdadera guerra.

Ana Lorena y sus amigas terminaron furiosas. Cuando todas las niñas se habían ido ya, Ana Lorena dijo a su madre: "Odio a mi hermano; todo echa a perder; es un metiche; quiero que se muera".

La mamá de Ana Lorena escuchó a su hija con atención. Luego le dijo: "Realmente estás muy enojada con Gerardo. Te molestó mucho lo que te hizo". Ana Lorena rompió a llorar y abrazó a su mamá.

Por la noche, la niña contó a su papá lo sucedido y él culpó a la mamá: "Sólo a ti se te ocurre invitar tantos niños. Hubieras mandado a Gerardo a casa de sus primos". Entonces la mujer se salió de la habitación dando un portazo y diciendo: "Sí claro, como siempre, yo tengo la culpa de todo. No esperes que te sirva de cenar".

Ana Lorena se sintió muy mal porque pensó que si ella no hubiera hablado, este pleito se habría evitado. Preocupada y confundida, se fue a dormir. A la mañana siguiente se despertó temprano. De hecho había dormido muy mal. ¿Qué pasaba con sus padres? Una cosa es que ella y su hermano tuvieran pleitos y se odiaran a morir, pero... ¿sus papás?, ¿y si se divorciaran? Su pensamiento giraba en torno a una sola idea: si ellos llegaran a divorciarse, sería por su culpa. No tenía por qué andarles participando sus problemas.

En silencio se asomó a su cuarto y los encontró bien dormidos y abrazados. "No pasó nada, después de todo" —pensó Ana Lorena—, y bajó a la cocina a prepararles algo para desayunar.

Hizo un pequeño desastre en la cocina, pero les preparó café, jugo de naranja y pan tostado con mermelada. Puso una nota en la charola: "Los quiero mucho" y subió a su cuarto a darles una sorpresa.

Su mamá fue la primera en despertarse. Abrió el rabillo del ojo y descubrió a su hija mirando a sus padres. "¿Qué pasó mi vida?, ¿qué tienes?" Ella sonrió feliz acercándole la charola con un par de tazas humeantes que despedían un aroma delicioso. La mujer se incorporó, luego dijo a su hija: "Dame eso y dale un beso a tu papi. Eres una buena hija".

Sus padres gozaron su desayuno platicando y riendo de lo lindo junto con su hija, mientras compartían con ella el jugo, el pan tostado y su cariño.

¡Qué feliz se sentía Ana Lorena! Apenas si recordaba ya los sucesos de la noche anterior. ¿Lo habría soñado? ¿Qué ocurría? Su mamá la vio taciturna y le preguntó: ¿Qué tienes, muñeca? Ella contestó: "No me gusta que se peleen".

"¿Quién se está peleando?" —la interrogó su papá. "Ustedes, anoche" —contestó la niña. Los señores sabían muy bien a qué se refería su hija. Estuvieron un poco tentados a reírse, de sí mismos, claro, aunque no lo hicieron. La noche anterior habían platicado que esos arranques de ira no eran buen ejemplo para sus hijos y habían pensado hablar con Ana Lorena de esto.

El papá explicó a su hija que había tenido un día difícil en la oficina y que, para aumentar su malestar, había caído un aguacero que contribuyó a que tardara cuatro horas en llegar a casa después del trabajo.

Estaba de mal humor y cansado cuando su hija llegó a presentarle su reclamo. Ni siquiera se fijó en lo que estaba diciendo cuando se escuchó culpando a su esposa de los pleitos surgidos entre Gerardo y su hermana.

La señora habló: "Yo estaba agotada por haber atendido a tantos niños durante la tarde. No es fácil, mi reina, recibir a diez criaturas, ver que coman todas bien, que la fiesta resulte agradable, atender tus quejas con respecto a tu hermano, además de mantener la calma y mostrar una sonrisa al despedir a tus amiguitas cuando sus papás vienen a recogerlas. Oír que tu papá me echaba la culpa en lugar de recibir un reconocimiento por intentar hacer feliz a su hija fue más de lo que pude soportar".

"No estuvo bien que yo culpara a tu mamá, debí enterarme de todo lo sucedido" —dijo el señor. "No estuvo bien que yo me enojara y diera un portazo" —dijo la madre—, "debí explicarle a tu papá lo que había ocurrido. Las personas a menudo hacemos y decimos cosas que no meditamos bien. Luego podemos arrepentirnos. Sería mejor tomarnos un momento antes de actuar; pero si ya la regamos, lo importante es aprender a pedir perdón y a disculpar al otro".

El papá añadió. "Después que te fuiste a dormir, tu mamá y yo arreglamos las cosas. También me platicó de tu disgusto tan tremendo con tu hermano. Dime ¿cómo te sientes?"

Ana Lorena ya ni se acordaba del pleito que la víspera se había armado entre sus amigas y su hermano. Su mamá le pidió: "Dile a tu papi qué fue lo que me dijiste acerca de tu hermano". "¿Qué dije?" —preguntó la niña. "¿En verdad no lo recuerdas, chiquita?" "No" —contestó ella. Su mamá repitió textualmente sus palabras: "Esto fue lo que dijiste: *Odio a mi hermano; todo echa a perder; es un metiche; quiero que se muera*".

Ana Lorena sonrió. Su papá le preguntó: "¿Realmente odias a tu hermano?" Ella contestó: "Ayer lo odiaba". "¿Verdaderamente Gerardo echa todo a perder?" "Bueno —dijo Ana Lorena— mi hermano es muy divertido y me ayuda muchas veces, pero ayer echó todo a perder". "¿Crees tú que tu hermano sea un metiche?" "Ay papi, es que mis amigas y yo habíamos estado molestando a los niños, hasta que ellos se hartaron y nos la devolvieron. Eso fue lo que pasó". "¡Ahh!, ya veo" —dijo su papá. Y luego Ana Lorena añadió: "Y por supuesto que no quiero que se muera. Yo quiero mucho a mi hermano".

"¿Te fijas? —dijo el hombre—, ¿de qué te das cuenta, nena?" "Me doy cuenta de que todos nos enojamos, a veces. Eso no significa que no nos queramos. Sólo que hay momentos en que quisiera estar sola y que nadie me molestara. Ayer mis amigas también me estuvieron fastidiando. Hasta les dije que no las iba a volver a invitar nunca más".

"Las relaciones humanas —dijo su mamá— son un arte". Una maestra mía compara a las personas con dos puerco espín que, durante el invierno, conviven dentro de una cueva. Como tienen frío, se acercan uno al otro. Entonces se pican con sus espinas haciéndose daño. Por eso deciden apartarse. Pero en seguida les da frío. Se acercan de nuevo y se pican otra vez. De nueva cuenta se alejan entre sí. Esto ocurre una y otra vez. Nunca están contentos. El secreto radica en guardar una distancia apropiada: lo suficientemente cerca para proporcionarse mutuamente calor, pero lo suficientemente lejos para no picarse. Lo mismo ocurre con la convivencia. Por eso las relaciones humanas "son un arte".

"Y también son habilidades adquiridas con una buena dosis de ejercicio" —completó su papá. Siempre que te topes con personas que sepan convivir en armonía, ten la seguridad de que han dedicado mucho tiempo a conocerse a sí mismos, a dominarse y a mejorar evitando repetir sus errores. ¡Ahí la llevamos aunque a menudo la regamos!"

Ana Lorena se rió a carcajada limpia. Su risa no correspondía tanto al comentario de su papá sino al gusto que le daba descubrir que todo entre sus padres estaba bien y en paz.

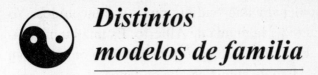

Distintos modelos de familia

Un día Gerardo dijo a su mamá: "Tengo un compañero en el salón que no tiene papá".

—"¿Cómo se llama?" —le preguntó.

—"Se llama Alberto".

—"¿Es tu amigo?"

—"Sí".

—"Ya veo".

Su madre estaba preparando la comida y estaba a gusto platicando con Gerardo, pero lo que más le interesaba era ver hacia dónde quería orientar la plática su hijo. Por eso se quedó callada.

Luego pidió a Gerardo: "Pásame esa lata de jitomate, por favor".

Gerardo le pasó aquella lata a su mamá y luego le preguntó: "¿Por qué Alberto no tiene papá? Todos tenemos papá."

Su madre le contestó. "Todos los seres humanos tuvimos forzosamente un padre y una madre que nos engendraron; esto significa que hubo una relación sexual para que pudiéramos ser concebidos. Yo conozco a la mamá de Alberto. Es una buena mujer. Ella nunca se casó y Alberto no conoce a su papá. Eso no significa que no tenga un padre, sólo que nunca lo ha visto".

"Eso a mí no me gustaría" —dijo Gerardo.

"Las personas pueden aprender a vivir con lo que les toca" —contestó su madre. Tú sientes que no te podrías acostumbrar al hecho de no conocer a tu padre, pero eso es porque siempre has vivido con él. Si nunca lo hubieras visto, tal vez te resultaría normal vivir sólo con tu madre".

Gerardo preguntó: "¿Y por qué nunca se casó?, ¿y por qué nació Alberto?"

Su mami contestó: "Cuando dos personas tienen una relación sexual sin estar casados, nada evita que ambos se aparten en un momento dado. De hecho esto ocurre las más de las veces. Si la mujer queda embarazada, no tendrá a su lado un compañero que esté con ella cuando nazca su bebé; tampoco habrá un hombre que la acompañe a registrar a ese pequeño como suyo. Entonces en el Registro Civil se le pone a la criatura solamente el apellido de su madre. Se acostumbra decir que estos chicos no tienen papá, porque no llevan su apellido, pero tú tienes razón al decir que todos tenemos un papá. Siempre hay un padre que nos engendró, por supuesto".

Gerardo dijo: "Qué bueno que mi papá y tú sí están casados".

Su madre le preguntó: "¿Qué es lo bueno?"

El niño dijo: "Que nosotros tenemos una familia normal".

Su mami le acarició su cabeza y le dijo: "Mi vida, ¿qué es lo normal, después de todo?"

"Ser como los demás" —contestó el niño.

Su mami explicó a Gerardo que hay distintas maneras de conformar una familia. Lo fundamental es la convivencia amorosa y el apoyo que se dan unos a otros. Hay diversas maneras de proporcionarse ese tipo de soporte emocional.

Gerardo escuchó cómo su madre le hacía reflexionar que no todas las familias conformadas según el modelo "tradicional" ofrecen a sus miembros seguridad y cariño. Hay distintas maneras de procurarse estas necesidades fundamentales.

Actualmente es posible encontrar familias que se componen de una madre —soltera, viuda, divorciada o abandonada— que vive con uno o varios hijos. Lo importante es que este grupo de personas funcionen de tal manera que todos obtengan satisfacción; esto se logra delimitando las responsabilidades y definiendo los deberes y derechos para cada uno de ellos.

Otras familias se componen de un papá que tiene a su cargo uno o varios hijos. Aquí, igual que en el caso anterior, la delimitación de funciones es necesaria para garantizar una convivencia adecuada.

Hay personas que son recibidas bajo el techo de otra familia y que vienen a formar parte de ella integrándose como nuevos miembros. Esto ocurre, por ejemplo, cuando una mujer con sus hijos es apoyada por parientes que le ofrecen su hogar para garantizar su bienestar y el de sus hijos en caso de que haya quedado viuda o esté separada del marido. También hay hombres que se integran en otras familias. Algunos niños que pierden a sus papás en un accidente a menudo son acogidos en el hogar de los tíos. De esta manera los primos crecen como si fueran hermanos, integrando una sola familia. Hay chicos que, por distintas razones, van a vivir con sus abuelos, entonces no se crían con sus papás sino que son sus abuelitos quienes cumplen con la función de alimentarlos y educarlos.

También pasan otras cosas dignas de ser contadas. Existen mujeres que por alguna razón no pueden amamantar a sus hijos y piden a otra que los alimente. Esto era más frecuente en el pasado, ya que hoy en día la mayor parte de las mujeres alimentan a sus hijos con biberón. Este tipo de relaciones no constituye precisamente una familia, pero la experiencia compartida puede, a largo plazo, si se mantiene una relación afectiva, proporcionar a ambas mujeres y a sus hijos un sentimiento común de unión parecido a lo que ocurre en muchas familias.

Su madre explicó a Gerardo que, cuando ella estaba en la secundaria, tuvo una compañera que vivía con sus abuelos. Por motivos de salud, sus padres vivían en provincia y habían pensado que sus hijos tendrían acceso a mejores escuelas si se quedaban en la capital. Cada fin de semana los hijos visitaban a sus padres.

En otros países donde conviven personas de distintas razas, también es cada vez más común ver parejas en donde uno de ellos es oriental o negro, por ejemplo. Los hijos heredan rasgos de ambos papás y también aprenden de las dos culturas. Tienen entonces costumbres distintas a otras familias típicas del lugar. Es muy interesante conocer cómo difieren los hábitos en las familias.

La madre comentó a su hijo acerca del contenido de un libro escrito por un etólogo.

"¿Qué es un etólogo?" —preguntó Gerardo.

"Es el especialista en conducta animal. En este libro, que está interesantísimo, el autor habla de las familias de los animales. Aprender de ellos nos lleva a imaginarnos cómo habrá sido la vida de los primeros humanos que existieron sobre la tierra. ¿Cuándo se habrá conformado la familia tal y como se conoce hoy en día?

Su madre le explicó que existe un tipo de aves que, si no encuentran pareja, regresan a vivir al nido materno, donde se convierten en cuidadores de las nuevas crías. También le dijo que existen algunos grupos de mamíferos que sólo admiten a un macho y una hembra con capacidad de reproducción. Los hijos viven allí mientras no intenten *aparearse* con sus padres. Si esto ocurriera, sus padres los corren de allí. Hay otros grupos, en cambio, donde hay un macho y varias hembras con las cuales se aparea. Le explicó que algunos animales permanecen toda la vida con una pareja única, mientras que otros cambian de pareja en cada ciclo de reproducción.

Gerardo preguntó a su mami: "¿Dónde está ese libro? Yo lo quiero leer". El chico fue a donde su madre le indicó y al ver que el libro tenía pocas ilustraciones, además de ser todas éstas en blanco y negro, y que el libro era grueso y con muchas pero muchas letras, le dijo: "No mamá, mejor termínalo pronto, para que me cuentes más". Ambos se rieron.

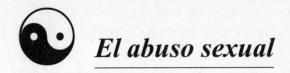

El abuso sexual

Los papás de Gerardo tenían unas amistades que vivían cerca de su casa, en un conjunto de condominios. Allí vivía un muchacho que se llamaba Francisco.

Los amigos de sus padres comentaban que vivían muy a gusto en ese lugar ya que todos los vecinos se llevaban bien. Cuando alguna de las mamás estaba ausente, sabía que sus hijos serían vigilados por alguna de sus vecinas. Los chicos solían jugar juntos en un patio común.

Francisco tenía 13 años y siempre jugaba con los más pequeños. La gente pensaba que era un chico tierno y que disfrutaba entreteniendo a los niños. Para las vecinas era una tranquilidad poder atender sus múltiples labores sabiendo que un muchacho responsable estaba haciéndose cargo de sus hijos, hasta que...

Un par de mamás de niños que jugaban con Francisco comenzaron a notar algo raro en sus hijos. Por las noches se despertaban gritando y durante el día ya no jugaban como antes, su apetito había disminuido, pero no decían nada sobre lo que les acontecía.

Un buen día uno de estos pequeñines dijo a su mamá que le dolía su ano. Ella lo revisó y encontró que éste se encontraba sucio y con sangre. Dado que no era un asunto cualquiera, llamó en seguida al pediatra de sus hijos, quien le pidió que se lo llevara inmediatamente.

De camino al doctor, la señora preguntaba una y otra vez a su hijo qué le había ocurrido. De pronto tuvo un presentimiento. ¡Pero no! ¡Eso era imposible!, bueno, ¡poco probable! ¿Y si no lo era?

"¿Has estado jugando con tus partes privadas con otros niños?" —preguntó la mujer a su hijo, tratando de parecer serena. El chiquito no contestó con la voz, pero hizo un tímido gesto de afirmación.

¿Dónde, cuándo, por qué? Todas éstas eran preguntas sin respuesta. La mujer sintió un fuerte escalofrío que le recorrió todo el cuerpo. ¿Sería acaso Francisco?

Aunque sus sentimientos le impedían pensar con claridad, poco a poco, comenzó a intuir la razón de los cambios de comportamiento que había tenido su hijo en los últimos días.

El médico confirmó a la mujer lo que ella sospechaba: un abuso sexual. El doctor preguntó a la mujer dónde y con quién solía jugar su hijo. Ella le habló de Francisco y confesó al doctor que le había sido muy cómodo saber que su hijo estaba entretenido jugando con otros vecinos. Reconoció que en un principio solía darles vueltas ocasionalmente para tomar nota de lo que hacían, pero que hacía algunas semanas había perdido tal costumbre. ¡Qué culpable e irresponsable se sintió!

El pediatra, quien lamentablemente había tenido que enfrentar este tipo de situaciones más de una vez, sabía que los sentimientos de culpa no arreglarían la situación ni tampoco permitirían que la señora pensara con claridad y actuara en forma pertinente. Así que le recomendó calma y buen juicio. "Lo que más afecta a los niños —le dijo— son las reacciones descontroladas de los adultos".

No le fue fácil a la mujer actuar con cautela y serenidad, pero tenía plena confianza en el médico de sus hijos, así que aceptó su sugerencia de canalizar el asunto a un especialista.

En ese mismo momento el doctor tomó el auricular del teléfono y localizó a un buen amigo y colega suyo, quien era sexólogo. Después de escuchar los hechos estuvo dispuesto a hacerse cargo del caso, evaluarlo, indicar un tratamiento adecuado y darle seguimiento hasta asegurarse de que los involucrados estaban fuera de peligro. Por fortuna contó con la buena disposición de todos.

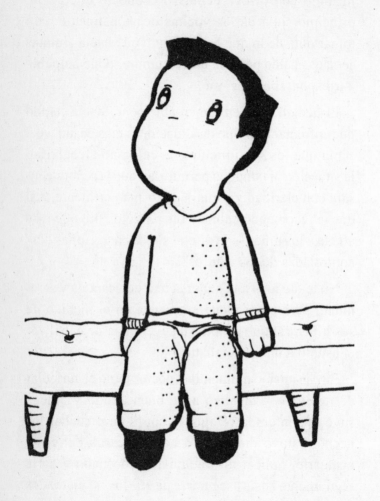

Francisco no era un muchacho malo. Más bien, estaba desorientado. Sus padres tampoco eran malas personas, pero eran poco afectuosas, muy calladas y bastante apartadas del resto de la gente. Jamás orientaron a su hijo sobre temas de sexualidad. Él, ante su despertar sexual, movido por la curiosidad y sin nadie de confianza con quién platicar, se sintió impulsado a experimentar.

El muchacho asistió a una clínica de salud donde escuchó el término de *desviaciones sexuales*: aprendió qué es el exhibicionismo y también lo que es el abuso sexual infantil. Se sintió muy avergonzado. Nunca tuvo la intención de maltratar ni lastimar a nadie, pero estaba confundido. No tenía realmente conciencia de lo que hacía. Le era difícil aceptar que, con pleno conocimiento, hubiera en el mundo personas capaces de dañar a otros intencionalmente. Algunos, más que nada, para experimentar poder y dominio sobre los demás.

Aprendió cómo algunos hombres gustan de exhibir sus genitales, sobre todo, a mujeres o a niñas que se asustan. Se les llama *exhibicionistas*. El especialista le explicó que la cara de miedo de las personas que los miran les provoca más gusto en hacerlo. Supo, entonces, que a esa gente hay que denunciarla, porque necesitan tratamiento especial. También entendió que el abuso sexual de los niños se debe a que las personas no saben cómo relacionarse y comunicarse adecuadamente con gente de su edad.

En la clínica, Francisco también oyó hablar de la *prostitución*. Un psicólogo le explicó cómo algunas personas cobran a otras por tener sexo con ellas. Después de haber aprendido cuáles son las actitudes saludables hacia la sexualidad, el muchacho no lograba entender por qué algunas personas están dispuestas a pagar por disfrutar de tal actividad; tampoco entendía cómo alguien cobre por ello.

También por sugerencia del especialista, Francisco había ingresado a un grupo de terapia de adolescentes. Después de un año de asistencia regular, ya era un joven rehabilitado y con actitudes sanas hacia el cuerpo y la expresión del afecto. Había aprendido que la sexualidad es una forma de comunicación cuyo propósito es brindar placer recíproco a personas maduras y responsables.

Por primera vez en su vida Francisco experimentó el amor. Se sentía verdaderamente apoyado, comprendido, aceptado, incluso querido en aquel grupo de compañeros que llegaron a ser sus amigos y amigas de verdad.

Al paso del tiempo decidió, como labor social, apoyar a su terapeuta en el trabajo con niños que tienen riesgo de ser víctimas de abuso sexual. Él se sentía feliz de colaborar en este proyecto. En parte sentía que era una forma de retribuir a la sociedad algo que había recibido de ella, pues, después de todo, lo había curado el amor.

La familia sana

Los padres de Ana Lorena y Gerardo consideraban que la ignorancia es causa de muchos errores. Esta creencia los había conducido a prepararse y a buscar formas de asegurar que cada experiencia se convirtiera en una oportunidad de desarrollo para sus hijos. Por esta razón procuraban enfocar los asuntos de manera que fueran útiles, para que adquirieran buen juicio y conocimiento.

Aun ante temas delicados mostraban una actitud abierta. Preferían anticiparse a los hechos y prevenirlos. Así que los enteraron del incidente de Francisco y aquellos niños.

Su papá les dijo que algunos adultos piensan que mientras menos hablen de temas íntimos con sus hijos, más garantías tienen de que se mantendrán apartados de las experiencias sexuales. Suponen que si les mencionan estos asuntos, despertarán la curiosidad de los chicos y tal vez les den ideas que de otra forma no hubieran tenido. Esto es un error. Algunas investigaciones manifiestan que la falta de conocimiento los hace más vulnerables, indefensos e incapaces de manejar su sexualidad en forma adecuada. Así que buscando un supuesto bien provocan justamente lo contrario.

Luego intervino su mamá, quien les dijo que todas las familias tienen problemas, unos más grandes que otros, pero la diferencia entre los grupos familiares sanos y aquellos que no lo son tiene mucho que ver con la comunicación. Una familia sana reconoce sus problemas y busca darles solución. Se atreve a hablar de ellos. En cambio las familias enfermas tienden a actuar como si nada ocurriera. Aun cuando las personas traten de ignorar sus problemas y no quieran verlos, están imposibilitadas para hacerlos desaparecer así como así.

Hay papás que pretenden formar a sus hijos en la sexualidad una vez que son adolescentes. Para entonces ya es tarde. Su formación debe comenzar desde el momento mismo de su nacimiento. Los cuidados que reciben, la manera como son tratados, la actitud que sus padres muestran hacia el cuerpo, todo esto tiene que ver con la educación sexual.

Muchos adultos ignoran que la principal lección de educación sexual que imparten a sus hijos es la forma como tratan a su pareja y se expresan de ella. Cuando observan a sus papás aprenden cómo debe ser tratada una mujer y cómo debe ser tratado un hombre. A partir de su ejemplo elaboran su propio concepto de lo que es y debe ser un varón y una mujer. Una buena relación de pareja donde impera la preocupación recíproca de uno por el otro es el mejor regalo que unos padres pueden obsequiar a sus hijos.

Para Gerardo y Ana Lorena era natural hablar con sus papás sobre cualquier tema. No porque todo lo supieran, ¡pero lo averiguaban! A los niños les sorprendía ver que esto no era común en todas las familias. Varios de sus amigos les habían expresado que no sentían confianza para plantear ciertas dudas a sus papás o compartirles asuntos particularmente delicados.

¡Y cómo esperar que no tengan dudas! Cómo suponer que no están confundidos cuando el medio está saturado de sexo y los expone constantemente a información distorsionada: escenas en la calle, parejas en los parques, palabras escuchadas al aire, conversaciones "pescadas" a medias, anuncios espectaculares, letras de canciones, el cine, la televisión. Todo era fuente de confusión para muchos de sus amigos, quienes manifestaban su curiosidad de diversas maneras. "¿Por qué no les preguntan a sus papás?", les sugerían Ana Lorena y Gerardo. "¡Qué les pasa", respondían. "En casa no hablamos de eso".

"Muchos adultos se sienten incómodos al abordar estos temas con sus hijos y prefieren no hacerlo, de eso ya habíamos hablado ¿recuerdan?", les explicaban sus padres. La falta de conocimiento les impide saber que la comunicación profunda en familia es requisito indispensable para una buena educación sexual".

Su mamá completó: "El problema es que si no los enteran de estos asuntos, no cuidan debidamente de ellos. Esto no es un comportamiento muy responsable que digamos".

"¡Cómo pueden decir que quieren a sus hijos!", expresaron Gerardo y Ana Lorena, pensando que sus papás, en cambio, fomentaban la comunicación en familia y procuraban cada día ser para ellos un ejemplo vivo de lo que implica el verdadero amor: conocimiento, cuidado, respeto y responsabilidad por el ser amado. ¡Una vez más ambos hermanos confirmaban lo dichosos que eran de formar parte de su familia!

TERCERA PARTE

La herencia

Mónica ya tenía 11 años y su mamá pensaba que para este momento había proporcionado a su hija toda la información que necesitaba sobre la sexualidad: desde que era pequeña le había explicado todo lo que abarca ser hombre o mujer. También le compró distintos libros ilustrados, que Mónica hojeaba de vez en cuando con sumo deleite; adquirió para ella algunas películas apropiadas sobre el tema, las cuales habían visto juntas hacía un par de años y Mónica sabía que podía preguntar a su madre todo cuanto quisiera saber sobre la sexualidad.

Una tarde, sin embargo, decidieron mirar de nuevo las películas que habían visto dos años antes y por algunos comentarios de Mónica su madre advirtió que tenía algunos conceptos poco claros o incluso equivocados. Entonces cayó en cuenta de que independientemente de las explicaciones recibidas, las personas acostumbramos tener nuestras propias ideas acerca de cómo son las cosas. Esto es lo que había ocurrido con Mónica.

La chica expresó que los gemelos nacen cuando dos espermatozoides entran al óvulo femenino. Esto era un concepto equivocado. Su madre le dijo: "No, mi vida, nunca entran dos espermatozoides a un óvulo". La chiquilla insistía y su madre, suponiendo que su hija pensaba en el nacimiento de gemelos, le explicó: "Cuando nacen cuatitos es porque dos óvulos fueron fecundados".

"¿No se originan del mismo óvulo?", preguntó Mó-nica. Su madre le contestó: "Pueden formarse del mismo óvulo. En algún momento temprano de la mul-tiplicación celular, un óvulo que fue fecundado por un solo espermatozoide se separa en dos. No sabe-mos por qué pasa, pero algunos dicen que esto ocu-rre en un caso de cada cien y se piensa que tiene que ver con la herencia. Los gemelos que provienen de un solo óvulo se desarrollan dentro de una misma bolsa dentro del útero y se alimentan de la misma pla-centa. Estos gemelos se llaman *univitelinos*. Los ge-melos que provienen de dos óvulos distintos se forman en bolsas diferentes y se llaman *bivitelinos*.

"¿Ves mami que yo tenía razón?", insistió la niña.

"No, mi cielo, le contestó su madre, un único espermatozoide entró y fecundó a un único óvulo. Esto da lugar a los gemelos idénticos. Los hermanitos serán idénticos porque en realidad proceden del mismo huevo fecundado. Recuerda que el huevo fecun-dado, en algún momento, se separa en dos. De esta manera ambas partes, que darán origen a un bebé, poseen idéntica *información genética*".

"¿Qué es la información genética?", preguntó Mónica. "Esto, dijo su madre, es un poco más difícil de explicar. Utilizaré un libro para ayudarme a hacerlo bien".

Acto seguido, la madre de Mónica tomó un libro que la chica no había hojeado jamás. Entonces preguntó a su madre: "¿Puedo leer este libro si quiero?" "Por supuesto, hija, le dijo su madre. Nunca antes te lo ofrecí porque eras muy pequeña y este libro tiene tantos datos que te hubiera aburrido. Además dudo que lo hubieras entendido. Tus otros libros tienen un lenguaje sencillo, especial para los niños; éste es más complejo, pero lo puedes tomar si quieres".

A continuación su madre buscó en el índice de materias una palabra que Mónica no reconoció: *cromosomas*. En seguida ambas leyeron lo siguiente:

Cada una de las células de nuestro cuerpo posee un núcleo dentro del cual existen los cromosomas. Éstos tienen la forma de unos bastones pequeños y, con excepción de las células sexuales, todas las células del ser humano tienen 46 cromosomas.

"¿Cuáles son las células sexuales, hija?", preguntó la madre. "Ya sé, ya sé, no me digas, dijo Mónica...

el... el... el óvulo en la mujer y uno que tiene cola, que se llama... mmm... mmm... espermatozoide, que lo tiene el hombre." "Exacto", dijo su madre. En seguida leyeron:

Cada una de las células sexuales o reproductoras contiene 23 cromosomas. Cuando el espermatozoide y el óvulo se unen para formar el huevo humano, esta célula contendrá la suma total, o sea, 46 cromosomas dispuestos en pares; es decir, cada huevo humano, o célula primaria, contiene 23 pares de cromosomas.

Cada uno de los 46 cromosomas posee todas las características de herencia contenidas en los genes. Dentro de los genes —que puede haber hasta casi 1000 en un solo cromosoma— están los datos que dirigirán la formación de todo nuevo ser.

"Tú Mónica, por ejemplo, heredaste mi tipo de sangre; tus hermanos tienen sangre del mismo tipo que tu papá. Esto tiene que ver con los genes de los cromosomas. Tus pequitas, tu color de cabello, tu forma de orejas, de nariz, todo tu físico tiene que ver con características que heredaste de mí, de tu papá, o bien, de tus abuelos o bisabuelos".

"¿Has escuchado que muchas personas creen que Jessica, hija de tu tía Meche, es hija de tu tía Tere? Jessica heredó características genéticas de los abuelos, las cuales se parecen más a las características de su tía que a las de su propia mamá. ¿Te das cuenta?"

"Algunos genes son más fuertes que otros; es decir, son dominantes. Cuando un padre tiene ojos cafés y el otro azules, lo más probable es que el bebé nazca con ojos cafés, porque el color café es dominante mientras que el azul es recesivo y tiene menos poder para manifestarse. El tener el cabello chino o lacio, el que un hombre se vuelva calvo al crecer, el poder enrollar la lengua o ser incapaz de hacerlo y muchas otras características de las personas tienen que ver con los genes".

"El hecho de que tú hayas nacido mujer y no varón también tuvo que ver con la herencia. Te dije que los óvulos y los espermatozoides tienen 23 cromosomas cada uno. Para el par cromosómico que determina el sexo del bebé, la mujer cuenta solamente con cromosomas que se han dado en llamar tipo X; el hombre, en cambio, los tiene de dos tipos: X o Y. Dependiendo del cromosoma sexual contenido en el espermatozoide que fecunde al óvulo, el bebé concebido resultará hombrecito o mujercita. Si un espermatozoide con cromosoma sexual tipo X fecunda al óvulo nacerá una mujer; el caso contrario ocurrirá si el óvulo resulta fecundado por un espermatozoide portador de cromosoma sexual Y".

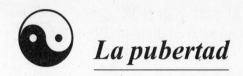

La pubertad

Mónica siempre había sido una niña muy madura para su edad. Era un verdadero deleite convivir con ella. En ocasiones sus padres se preguntaban si acaso esa maravillosa condición duraría para siempre. Tanta armonía... ¿en qué se convertirá una vez llegada la adolescencia de su hija?

Un buen día Mónica comenzó a respingar. Ya no obedecía con tanta facilidad, era un tanto rebelde, algo desobediente y cuando se le corregía irrumpía en llanto y decía: "¡Nadie me comprende!", ante lo cual sus padres exclamaban: "¡Ya empezamos!"

La primera fase de la adolescencia se denomina *pubertad*. En ella se producen las modificaciones propias del paso de la infancia a la edad adulta.

A Mónica le había empezado a crecer el pecho y esto en ocasiones le provocaba algo de dolor. Al principio sintió miedo: "Me voy a morir del corazón", pensó. Pero compartió este temor con su mami y ella la calmó explicándole que esas molestias son normales porque el busto está creciendo. La niña se desarrollaba velozmente de un día para otro y a veces, cuando usaba playeritas pegadas, parecía toda una señorita. "¡Cómo ha crecido tu hija!", solía decirle la gente.

Algo que llamaba la atención de Mónica era ver que no todas sus amigas se desarrollaban al parejo que ella. En su salón había una chica que tenía exactamente su misma altura y edad, pero que ya tenía el busto completamente desarrollado. "Sí hija, le dijo su madre, eso es posible. Cada persona se desarrolla a su propio ritmo y eso también tiene que ver con la herencia".

Luego le dijo: "Así es como vamos creciendo. Unos años atrás, la mayoría de los niños y de las niñas de tu salón se veían bastante parejos en cuanto a estatura y forma de cuerpo. Si estuvieran vestidos igual y tuvieran cortes de cabello semejantes, no habría sido sencillo distinguir a los varones de las mujeres. Pero una vez que comienza a crecer el busto en las niñas y que los chicos empiezan a sufrir los vergonzosos "gallos" por el cambio de voz... entonces lo sabemos con seguridad".

También le explicó: "Estos cambios que experimentan niños y niñas tienen que ver con la pubertad. La persona que ha llegado a la pubertad se llama *pubescente*, término que literalmente significa: que tiene vello. La pubertad se refiere propiamente a la *menstruación* en la mujer y a la *eyaculación* en el hombre, procesos que los hacen aptos para la reproducción".

La madre continuó: "Las niñas suelen madurar antes que los hombres, pero no todas las niñas maduran al mismo tiempo. Algunas lo hacen en forma precoz y pueden comenzar a tener su regla o menstruación desde los 9 años. Cuando ésta aparece, las niñas tienen sangrados determinados días del mes. Eso ya lo sabes, pues te lo he explicado antes. Para no manchar la ropa íntima, las jovencitas tienen que utilizar toallas sanitarias. Yo tuve compañeras que en 5o. año de primaria tenían el busto completamente desarrollado. Otras, en cambio, a los 15 años seguían teniendo cuerpo de niñas, porque maduraron tardíamente".

La mujer explicó a su hija que la maduración precoz o tardía se relaciona también con cambios emocionales en las jovencitas. Es más probable que una chica que madure tempranamente comience a interesarse en los muchachos; la que madura en forma tardía no sólo tendrá cuerpo infantil sino que habitualmente se comportará como niña.

Los jovencitos también pueden diferenciarse en cuanto al momento en que llegan a la pubertad, lo cual ocurre hacia los 12 ó 13 años, aproximada-

mente. Una señal de que el chico ha madurado sexualmente es la aparición de poluciones o emisiones nocturnas. Éstas son salidas de semen durante la noche. Aun cuando es algo normal, muchos chicos suelen sentirse avergonzados al constatar que mojaron su pijama por la noche. Esto ocurre porque los espermatozoides que se han producido y almacenado en sus testículos han salido al exterior debido a una *erección.*

Las erecciones pueden ocurrir durante el sueño, por ejemplo, porque el chico ha visto alguna película con temas sexuales o ha conocido una jovencita que le ha gustado mucho y que le ha provocado sensaciones agradables en el cuerpo. Es algo tan natural, que los padres deben acoger su aparición con alegría porque es manifestación de que su hijo está madurando de modo normal. Los sueños eróticos provocan fácilmente las eyaculaciones nocturnas, porque en ellos el jovencito auténticamente experimenta los hechos como si ocurrieran.

El proceso de la maduración física y fisiológica es algo en lo cual nosotros no tenemos nada que ver. La naturaleza se encarga de ello. Lo que sí es nuestra responsabilidad es la maduración emocional que debe ir acompañándonos a lo largo de nuestra vida.

Puede ocurrir que una persona haya mostrado un comportamiento maduro en su infancia y que de pronto, al llegar a la pubertad, manifieste conductas que parezcan indicar que todo se viene abajo. Esto es normal. Un jovencito está tan ocupado en sí mismo, en adaptarse a todos los cambios que está sufriendo, que no le sobra energía para relacionarse bien con el mundo exterior. Por eso gruñe, por eso se enfada con todo, por eso anda de mal humor.

Esas actitudes se superan si el chico evoluciona a través de la adolescencia hacia la madurez. Hay algunos, sin embargo, que se estancan en esta etapa y aunque llegan a los 20, 25, 30 años, todavía son adolescentes en su comportamiento. Esto se debe a que no ponen ningún esfuerzo en crecer.

Algunos cambios a los que debe enfrentarse un adolescente tienen que ver con aceptar su nuevo aspecto físico. No es fácil asimilar que el rostro reflejado en el espejo es el propio cuando se ha llenado de granitos. Tampoco es fácil aceptarse al ver que le han crecido desmesuradamente la nariz o las orejas.

Adaptarse a unos brazos o unas piernas que parecen crecer por centímetros de un día para otro tampoco es sencillo. Muchos adolescentes varones se vuelven torpes, se tropiezan, tiran las cosas. Esto es natural, porque de pronto comienzan a crecer muy aprisa. ¿Cómo controlar su movimiento cuando tienen cierta idea de su propio cuerpo y un buen día descubren que los brazos, las piernas, su talla va creciendo más y más. Esto también contribuye a su mal humor.

Un día la mamá de Mónica notó que su hija llevaba varios días tardándose más de lo acostumbrado en las mañanas al arreglarse delante del espejo. Esto le impedía tener tiempo para desayunar antes de salir corriendo a la escuela. Mónica alegaba que no le quedaba bien el peinado. Hasta unas semanas antes, eso no le había importado. De repente le interesaba lucir bien.

Mónica aprendió que la *hipófisis* es la responsable de todos los cambios físicos que acompañan la pubertad. Su mamá le explicó que esa glándula, también llamada *pituitaria*, se localiza en la base del cerebro y segrega una sustancia denominada *hormona del crecimiento*. Igualmente produce las gonadotropinas, que provocan la maduración de las glándulas sexuales: los testículos en el hombre y los ovarios en la mujer. Ella advirtió que el cuerpo funciona como un reloj: llegado cierto tiempo, parece como si un freno se remueve y los cambios se presentan y se suceden unos a otros siguiendo un perfecto plan. Así de sabia es la naturaleza.

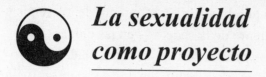

La sexualidad como proyecto

En el libro que su madre le prestó, Mónica leyó muchas cosas que ampliaron su conocimiento sobre los cambios propios de la pubertad. La lectura le permitió reforzar algunas cosas que ya sabía y aprender otras nuevas, por ejemplo, que durante la pubertad se desarrollan los caracteres sexuales denominados secundarios. Los *caracteres sexuales primarios* son aquellos que nos definen como hombres o mujeres y que están presentes incluso desde que un bebito nace. Los *caracteres sexuales secundarios* son aquellos que, no obstante que se originan de la condición masculina o femenina, hacen su aparición solamente cuando la pubertad da comienzo.

Características sexuales primarias son en la mujer: la vulva, la vagina, el clítoris, el útero, los ovarios y las trompas de Falopio; al hombre corresponden: los testículos, el escroto, el pene, el prepucio, la vesícula seminal, la próstata y la uretra.

Ejemplos de características sexuales secundarias son justamente la aparición del vello púbico y axilar, el surgimiento de la barba y el bigote y el cambio de voz —en el hombre—; el crecimiento de los senos y ensanchamiento de la cadera —en las chicas— y, en ambos, la manifestación de la capacidad de reproducción: la menstruación en las jovencitas y la eyaculación en los varones.

La menstruación consiste en descargas de mucosidad acompañadas con sangre provenientes del *endometrio*, capa interior de la matriz. Éstas se presentan aproximadamente cada 28 días. Los varones experimentan por primera vez eyaculaciones causadas por espermatozoides que, habiendo sido producidos y almacenados en los testículos, pugnan por salir.

El acto sexual después de la pubertad puede dar lugar al embarazo porque físicamente la pareja está lista para ello. Si en el cuerpo de una chica comienzan a madurar los óvulos y si el chico produce semen y sus espermatozoides entran en contacto con los óvulos de una mujer, no hay ninguna razón física por la cual esta unión no termine en embarazo.

Los óvulos maduran y son expulsados de los ovarios y en su trayectoria hacia la matriz pueden ser fecundados por un espermatozoide. Algunas chicas quedan embarazadas incluso sin haber tenido una verdadera relación sexual. La palabra *coito* se utiliza para designar la penetración del pene del varón dentro de la vagina de la mujer. Este acto hace posible que su semen quede dentro del cuerpo femenino. Sin embargo, un chico puede no haber introducido su pene en la vagina de la mujer y de cualquier manera embarazarla. Esto ocurre porque los espermatozoides que quedan cerca de la vagina pueden fácilmente penetrar dentro de ella y, una vez en su cuerpo, recorrer el camino en busca de un óvulo.

Cuando hay fecundación, el óvulo comienza a subdividirse estando todavía en las trompas de Falopio. Unos pelitos al interior de dichas trompas hacen que el óvulo avance hacia la matriz. Allí se implanta dando lugar a la *placenta*. De la placenta surgirá el cordón umbilical que es el medio que permitirá al embrión alimentarse y obtener oxígeno de su madre.

Hace muchos años era común que los jovencitos se casaran alrededor de los 13 años. Para entonces ya podían participar de los derechos y responsabilidades de los adultos y les era posible independizarse formando sus propias familias. La capacidad de procreación recientemente adquirida y el conocimiento de un oficio aprendido por imitación hacían que el paso de la infancia a la adultez fuera inmediato.

En la sociedad moderna hay muchos factores que retrasan el logro de la independencia. Un adolescente carece de medios económicos que le permitan mantenerse a sí mismo, hecho que lo obliga a permanecer

bajo la custodia de sus papás. Aunado a ello, lo común es que su comportamiento manifieste falta de madurez emocional, ingrediente fundamental en el logro de una sana autonomía. Ser emocionalmente maduro también es un requisito para manejar adecuadamente la sexualidad.

Los jóvenes pueden estar físicamente aptos para realizar el acto sexual, pero éste resulta irresponsable si no se cumplen ciertas condiciones sociales, emocionales e intelectuales. Los embarazos no deseados en jovencitas que todavía están en edad escolar y el creciente número de víctimas de enfermedades de transmisión sexual son consecuencia de la irresponsabilidad.

Una persona está en mejores condiciones de vivir responsablemente su sexualidad si conoce sus motivaciones y las consecuencias de sus actos. La madurez intelectual y emocional permite que las personas anticipen los resultados de su comportamiento. Este acto de conciencia hace posible que proyecten su futuro, que planeen su vida a corto y a largo plazo, incluida su vida sexual.

Parte del conocimiento que requiere un joven antes de hacerse cargo de su vida sexual es saber que la sexualidad implica todo su ser hombre o su ser mujer. La esencia de una persona, su ser más profundo, se manifiesta, entre otras cosas, en el modo como se relaciona con otros individuos, sean éstos hombres o mujeres.

Una persona que habitualmente se preocupa por el bienestar propio y ajeno en los asuntos cotidianos mostrará la misma preocupación al manejar su vida sexual. Quien comúnmente espera que los demás resuelvan los distintos aspectos de su vida pretenderá lo mismo en su vida sexual. Un individuo que suele culpar a otros de cuanto le ocurre hará lo mismo en el acto sexual. Una persona que por costumbre manipula a otros para obtener lo que desea no tendrá reparos en valerse de la misma estrategia en su vida sexual. Cuando las personas han desarrollado el hábito de asumir las consecuencias de los propios actos, habrán dado un paso en el manejo responsable de su sexualidad.

Las personas se dan a conocer mediante sus acciones. Hay una serie de atributos que nos permiten concluir que alguien es buena persona o que no lo es. La *bondad* tiene que ver con la conquista de uno mismo y la superación del egoísmo en busca del beneficio compartido. Se basa en el autoconocimiento y la mejora continua. Quien voluntariamente busca acrecentar sus cualidades y disminuir sus defectos tiene mucho que ofrecer a los demás, incluida la persona a quien elija como pareja sexual. Aquel que descuida su crecimiento personal difícilmente desarrolla la *empatía* y la *sensibilidad* hacia los demás. Esto lo convierte en un mal candidato para establecer relaciones de pareja basadas en la *reciprocidad*.

Gracias a sus libros y a las conversaciones que Mónica tenía con sus papás, ella se dio cuenta de que prepararse para vivir una sexualidad plena y madura necesariamente tiene que ver con el entrenamiento para ser una mejor persona y debe formar parte de un proyecto de vida; es decir, debe ser algo que se busque y se procure con plena *conciencia*, *voluntad* y *disciplina*.

Sus papás, incluso, le señalaron algunos puntos importantes que sirven de guía para conocer cuándo una persona es madura o no lo es. Ellos le indicaron que el secreto es tomar nota de la manera como la gente actúa y se relaciona regularmente con los demás.

Muchos datos son útiles para este fin, por ejemplo, advertir si dicha persona sabe o no asumir la responsabilidad de sus actos; si suele o no pedir perdón cuando comete un error; si procura buscar puntos de unión ante opiniones en conflicto; si es objetiva en sus juicios; si se comunica bien con los demás; si las necesidades ajenas le son tan importantes como las propias. Con todo este conocimiento, Mónica estaba mejor preparada para enfrentar la vida y, por supuesto, para manejar su sexualidad.

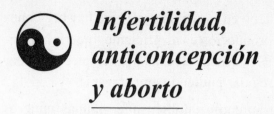

Infertilidad, anticoncepción y aborto

Mónica tenía una prima bastante mayor que ella, casada desde hace unos cinco años. El matrimonio no había logrado tener hijos. Una tarde su mamá le comentó que la prima y el marido estaban pensando en adoptar un bebé.

"¿Por qué, mamá?", preguntó la chica, a lo que su madre respondió que ambos se habían sometido a muchos estudios y tratamientos y nada dio resultado. "Todos los intentos fracasaron. Es un caso de infertilidad", le explicó.

"¿Por qué ocurre la infertilidad?", preguntó la niña a su madre.

"Los motivos de infertilidad son muchos", le dijo. "En ocasiones la mujer no produce óvulos y por esta razón, aunque tenga relaciones sexuales con su pareja, no puede ser fecundada porque no hay óvulo alguno para ser fertilizado. La falta de producción de óvulos puede tener distintas causas y algunas pueden tratarse con medicamentos pero no todas. Una manera de lograr la ovulación es mediante la prescripción de *hormonas*. Éstas son sustancias que produce el cuerpo en forma natural, pero hay ocasiones en que su producción es insuficiente. Ingerir hormonas artificiales ayuda a que la mujer empiece a ovular en forma regular pudiendo embarazarse.

Mónica aprendió también que algunas mujeres pueden ser fecundadas, pero otro tipo de problemas hacen imposible que el huevo se implante en la matriz. Si el huevo no se implanta, no puede crecer porque no tiene un cordón umbilical a través del cual alimentarse, entonces muere. En otras ocasiones el embrión se implanta y va creciendo hasta convertirse en *feto* (así se llama al bebé a partir de los tres meses de embarazo), pero por alguna razón la matriz no lo puede sostener y lo expulsa antes de que esté listo para sobrevivir. Esto se llama *aborto*. Una mujer con una matriz en estas condiciones necesita tratamientos muy especializados que le ayudan a conservar al bebé dentro de su cuerpo el mayor tiempo posible, ya que mientras más semanas de desarrollo tenga dentro del útero, serán mayores sus posibilidades de supervivencia.

La chica preguntó a su madre si existen otras formas de aborto. Ella le contestó que el aborto puede ocurrir en forma natural, pero también puede ser provocado o inducido. Algunas razones médicas o sociales conducen a la terminación de un embarazo, por ejemplo, cuando está en riesgo la vida de la madre o la del niño, pero la mayoría de los abortos se dan porque jovencitas solteras se han embarazado y no desean tener al niño.

Esto último es peligroso e ilegal, además de que aumenta la confusión psicológica y moral en la chica. Las personas deberían conocer los riesgos de la sexualidad antes de aventurarse a tener relaciones sin estar preparadas para manejar en forma responsable sus posibles consecuencias.

Actualmente hay instituciones que ofrecen ayuda a chicas solteras embarazadas, que se sienten desamparadas porque carecen del apoyo de sus padres y no saben cómo enfrentar su situación. Estas organizaciones les proporcionan orientación, atención médica y les ayudan a decidir si una vez nacido el bebé desean conservar a su pequeño o prefieren darlo en adopción a parejas mejor capacitadas con el fin de garantizarle una buena calidad de vida.

Mónica había escuchado que algunos niños nacen muertos y no entendía por qué. Su madre le dijo que hay casos en que un bebé muere dentro de su madre antes del parto. Algunos incluso mueren asfixiados en el momento del nacimiento porque se les enreda el cordón umbilical en el cuello. En otras ocasiones, cuando el parto es demasiado prolongado y no se practica a tiempo una *cesárea*, el bebé muere.

Su mamá le explicó que la cesárea es una opera-
ción mediante la cual el médico abre el vientre y la
matriz para sacar al bebé rápidamente, evitando el
esfuerzo de su paso por el canal vaginal. La cesárea
también se utiliza cuando la madre es estrecha de
cadera o el bebito viene sentado, posición completamente desfavorable para el parto.

La chica aprendió también que hay otras causas
de infertilidad que son propias de los hombres. Por
ejemplo, el semen del varón puede contener espermatozoides escasos en número o que son débiles o
que están muertos. Existen pruebas de laboratorio que
permiten comprobar si el semen es lo suficientemente apto para fertilizar un óvulo. Hay medicamentos
que fortalecen a los espermatozoides aumentando sus
posibilidades de fertilización de la mujer.

Mónica había escuchado que algunas parejas que
han tomado *pastillas para evitar el embarazo*, luego
tienen dificultad en concebir un hijo, así que preguntó
a su mamá la razón de esto.

"Muchas parejas recién casadas deciden no tener
hijos pronto para darse tiempo de conocerse bien y
ajustarse uno al otro", le respondió su madre. "Para
ello utilizan *anticonceptivos*. Éstos interfieren con
el funcionamiento normal del ciclo reproductor y
pueden causar desajustes haciendo que más adelante la

pareja tenga dificultades para concebir. Existen distintos métodos anticonceptivos. Por ejemplo, las mujeres pueden ingerir hormonas en forma de pastillas, las cuales impiden que los óvulos sean liberados del ovario. Así se evita la concepción aun cuando se ha tenido una relación sexual. También es posible que el médico de la mujer, denominado *ginecólogo*, le instale dentro de la matriz un *dispositivo intrauterino* cuya función es evitar que el huevo, una vez fecundado, se implante en el útero".

"También los hombres se protegen, ¿verdad?", preguntó Mónica, quien con frecuencia había visto anuncios de preservativos en la televisión, pero no tenía una idea clara de lo que eran, así que su madre le explicó que los *preservativos* o *condones* consisten en una pieza de látex o goma que se ajusta al pene en erección. También le dijo que ya existen los *condones femeninos*. Luego le indicó que aun cuando se utilice alguno de estos métodos, siempre existe la posibilidad del embarazo, ya sea porque la mujer olvida tomar las pastillas según las especificaciones del médico o porque el dispositivo se mueve de su sitio. También puede suceder que el preservativo se use en forma inadecuada o se rompa. Cuando una mujer se embaraza teniendo dentro el DIU (dispositivo intrauterino), hay ocasiones en que el médico puede extraerlo de su cuerpo, esto depende de dónde haya quedado colocado el DIU con respecto al bebé. Pero hay veces que el médico tiene que dejarlo dentro porque se ha movido hacia arriba y no está a su alcance. Esto trae riesgos para el bebé. La señora agregó que existen otros métodos anticonceptivos que se consideran menos seguros.

"¿Por qué si hay tantos métodos para evitar el embarazo sigue habiendo madres solteras?", preguntó Mónica a su mamá. Ella le respondió que hay muchas razones. Habitualmente las cuestiones morales, la culpa y la vergüenza provocan que los jóvenes no hagan uso de los métodos anticonceptivos, pero el embarazo también puede ocurrir por descuido. En otros momentos la concepción de un hijo puede obedecer a motivaciones inconscientes, por ejemplo, como venganza a los papás, para "amarrar" a un joven, como autocastigo o incluso para evitar enfrentar otras situaciones que les representan una ansiedad mayor. También hay casos de mujeres, sobre todo mayores, que deciden voluntariamente tener un hijo.

Mónica dijo: "Si el acto sexual está lleno de culpa, de vergüenza o de daño, yo dudo que una pareja esté lista para realizarlo". Su mamá le respondió: "Hablas sabiamente, hija. Por eso educar para la sexualidad no es otra cosa más que educar para la libertad, para desarrollar la conciencia, para vivir en amor".

El divorcio

Mónica tenía una amiga muy querida que se llamaba Alejandra. Una tarde sonó el teléfono en casa de Mónica. Contestó su madre. La llamada era para su hija. La señora pudo advertir que algo no estaba bien, pues la voz de Alejandra no se oía alegre como de costumbre.

Las chicas hablaron un largo rato. Una vez que colgaron, Mónica buscó a su mamá. Cuando la encontró, nada le dijo. Sólo se quedó ahí, en silencio. "¿Pasa algo, hija?, ¿todo está bien?".

Mónica explicó a su mamá que Alejandra la había llamado para decirle que sus papás iban a divorciarse. "¿Por qué, mamá?, ¿por qué las personas se divorcian", le preguntó su hija, inquieta.

Lo primero que hizo la mujer fue averiguar cómo se sentía su hija con respecto a la amiga. Después indagó sobre las explicaciones que la misma Mónica tenía para el asunto. Cuando la sintió más calmada, comenzó a explicarle que a menudo las personas fallamos en entender que los demás tienen necesidades tan válidas como las propias. Esto dificulta la convivencia.

Luego le explicó que hasta hace algunos años, conocer personas divorciadas era poco común y, muchas veces, mal visto. En la actualidad las cosas son completamente distintas: basta entrar en contacto con un grupo de chicos comunes y se verá que un alto porcentaje de ellos proviene de parejas que han terminado en divorcio. Para algunas de estas criaturas, si es que viven con su mamá, han pasado ya muchos años desde la última vez en que vieron a su papá.

Los divorcios han aumentado. Eso no significa que apenas ahora hayan surgido los problemas. Las parejas desavenidas han existido siempre. Hace algún tiempo los matrimonios eran concertados por los padres de los novios y éstos no tenían realmente oportunidad de conocerse y descubrir si podrían congeniar o no. Era muy común que se casaran personas con intereses y personalidades completamente distintos. Que no se divorciaran no significaba que carecieran de problemas, pero vivían con ellos.

Muchas veces la pareja se casaba pero los esposos no vivían bajo el mismo techo, pues a menudo los hombres tenían que ausentarse para distintos asuntos: participar en la guerra o buscar fortuna, por ejemplo. En otras ocasiones sí vivían juntos, pero cada uno dedicado por completo a sus propios quehaceres: el esposo concentrado en su trabajo; la esposa dedicada al hogar y a la crianza de los hijos. Pocas personas solían cuestionar su vida de matrimonio o preguntarse a sí mismos si se sentían o no felices viviendo con el otro.

Otra razón por la cual el divorcio ha aumentado en la actualidad es porque hasta hace un tiempo se educaba a la mujer de tal manera que fácilmente se adaptara a las necesidades de distintos tipos de hombre y se le enseñaba a servirle. Las mujeres no poseían escolaridad superior ni participaban en la economía nacional. Se les preparaba para vivir al abrigo de un varón y se les enseñaba que debían sentirse afortunadas si encontraban alguien que las mantuviera.

El ingreso de la mujer a la universidad y al mundo del trabajo ha marcado un cambio social fundamental y esto afecta también a las relaciones de pareja. La mujer actual no fue preparada para adaptarse sometiéndose a un hombre, sino para expresar y autoafirmar sus capacidades; se le ha enseñado a ser independiente y a mantenerse a sí misma; ha perdido el miedo a sentirse desamparada sin la presencia de un hombre que la mantenga económicamente.

Junto con todo esto, existe en la actualidad un interés creciente por desarrollar la propia individualidad. La educación moderna, a diferencia de la

antigua, hace énfasis en el descubrimiento de las cualidades presentes en cada sujeto. Las diferencias individuales se han convertido en un punto de interés muy importante, distinto a lo que ocurría antaño cuando el valor de las personas estaba supeditado a su función dentro del grupo al que pertenecían.

Es fácil entender que personas educadas de esta manera no son candidatos idóneos para pasar por alto sus problemas conyugales, muchos de los cuales derivan de una mala elección de pareja. Aunado a ello, la gente cambia con el paso del tiempo. Observa cómo tus amistades pueden variar de un año a otro; esto ocurre porque tanto tú como tus amigos van cambiando y tienen nuevos intereses. Lo mismo ocurre con los adultos.

Es frecuente ver que las parejas se van distanciando con el paso de los años al grado de que un buen día descubren que son dos completos desconocidos el uno para el otro y que lo único que tienen en común son sus hijos. Éste es un factor que precipita el divorcio.

Lamentablemente el desgarre emocional que para toda la familia implica un divorcio no puede evitarse del todo. Si la pareja es madura, con suerte podrá disolver su relación de modo que resulte lo menos dañina para todos los miembros involucrados. Es triste, no obstante, que lo menos común es encontrar madurez.

Son pocas las parejas que pueden llevar a cabo su disolución con equilibrio y ecuanimidad. Enfrentarse a una ruptura de este tipo de relación es terminar con una serie de expectativas y de sueños muy arraigados, que fácilmente despiertan en las personas agresividad y hostilidad severa hacia sus parejas.

Es difícil aceptar que las parejas se divorcien, pero también lo es que otras no lo hagan. Seguramente conocerás parejas que no se aman y que no obstante permanecen unidas, causándose daño a sí mismos e incluso a los hijos. En muchas ocasiones estas parejas viven en la misma casa, pero en cuartos separados.

Este comportamiento obedece a distintas razones: los esposos pueden pensar que lo mejor es mantener unida a la familia y tratan de solucionar su problema de convivencia llevando vidas semi-independientes. Algo así como un equipo en el que cada uno de sus miembros cumple con sus funciones, aunque la mutua antipatía los haga mantenerse lo más alejados posible.

Otras parejas permanecen unidas porque les resulta cómodo. Es satisfactorio contar con un sitio a dónde llegar, en donde comer y obtener ropa limpia. Esto les confiere seguridad y estructura. La situación puede variar dependiendo del trato entre los miembros que puede ser cordial, indiferente o incluso llegar al maltrato.

Algunos se mantienen juntos por miedo a la soledad, porque se guían con el principio de que siempre es mejor estar con alguien que correr el riesgo de quedarse solo. El miedo a la soledad puede estar motivado por sentimientos fuertes de dependencia en virtud de los cuales las personas necesitan pegarse a alguien para sobrevivir.

Otros más permanecen casados porque guían sus vidas con valores y principios que sostienen que el compromiso del matrimonio debe durar toda la vida. Para muchas personas con fuerte sentido religioso y moral es muy difícil y doloroso tomar la decisión de un divorcio. No obstante, hay casos en que las autoridades religiosas han estado dispuestas a disolver un matrimonio cuando, después de un análisis profundo de la pareja, concluyen que es lo más conveniente.

Existen psicólogos especializados en orientar a las parejas que están en proceso de divorcio para que éste se viva de la manera menos dañina posible. Es fundamental que los hijos sepan que sus padres los aman y que siempre estarán cerca de ellos, sólo que ahora vivirán en otro lugar. También es importante que los chicos tengan la seguridad de que sus padres se divorcian porque no logran entenderse y que esto no ha sido causado por su mal comportamiento.

Muchos chicos, después de que se han adaptado a los múltiples cambios que sobrevienen con un divorcio, encuentran satisfactorio relacionarse por separado con cada uno de sus padres. Mencionan, incluso, que todo está mejor ahora y que no les gustaría que sus padres volvieran a unirse. Esto generalmente ocurre porque también ambos padres se han adaptado a sus nuevas vidas y han superado el dolor y coraje que acompaña al divorcio, lo cual les permite tener un buen equilibrio y dedicar mayor energía a la convivencia grata con sus hijos.

La mejor manera de evitar el divorcio es realizar una adecuada elección de pareja. Esto no es sencillo porque, en el momento de realizar tal decisión, la mayoría de las personas carecen de la madurez necesaria para elegir una pareja que sea a su vez madura.

Una vez más, Mónica corroboró que el principio fundamental que facilita la vida en pareja *es la madurez*.

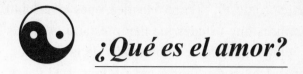

¿Qué es el amor?

Gracias a sus lecturas y a las pláticas en familia, Mónica aprendió que la *amistad* y el *amor* no son distintos en realidad sino que forman parte de un mismo proceso. Ambos tienen que ver con cuidar las necesidades propias y ajenas, e incluso con interesarse por la felicidad y el crecimiento del otro, ya sea amigo, novio, hermano, hijo, vecino, o lo que sea.

Una noche, durante la merienda, Mónica preguntó a sus papás la fórmula para distinguir una verdadera amistad. Su papá, que la conocía muy bien, le contestó: "¿Qué tienes para contarnos hoy?" Ella relató lo siguiente: "En mi escuela hay dos amigas que siempre compiten por el primer lugar del grupo. Dicen que nunca se detienen ante nada para lograr sus metas. Hoy tuvimos examen y una de ellas no pudo estudiar porque alguien le robó sus apuntes. Al final supimos quién fue: ¡Su amiga! Yo no creo que eso sea la amistad".

"¿Cuáles crees tú que son los ingredientes indispensables en un verdadero amigo?, le preguntó su papá.

Mónica contestó: "Tengo una idea, pues lo he leído en los libros que ustedes me han prestado. Además antes hemos hablado de la bondad y de la madurez. Creo que estos aspectos forman parte de la amistad. Cuando tengo un amigo, procuro ayudarlo a estar bien, a que alcance sus metas y crezca como persona. No puedo decir que quiero a alguien si no comparto sus éxitos y sus preocupaciones. Nadie que ponga obstáculos al otro puede decir que es su amigo. Pienso que con los novios debe ser igual. Cuando uno impide al otro crecer como persona, ese noviazgo no es bueno".

Los papás de Mónica mostraron agrado por la respuesta de su hija, pues desde hacía algún tiempo, un jovencito la andaba rondando y para ellos era muy importante saber que su hija tenía clara la idea de lo que implica la genuina preocupación por el otro, ingrediente clave en el amor.

Su mamá dijo: "No es fácil entender el amor cuando estamos saturados de mensajes que lo pintan de modo equivocado. En las telenovelas, por ejemplo, nos lo muestran como un estado en el cual los enamorados están locos de pasión uno por el otro, se encelan por cualquier cosa y sienten que no pueden vivir sin la pareja. Por supuesto que no aguantan una ruptura, mucho menos si no fue de su iniciativa. Se sienten dueños del otro. La persona que ama concede libertad y no pretende poseer a la otra persona. ¡Y aguas con los celos! No son un buen indicador".

Su papá intervino diciendo: "Cuando conoces a otras personas y te relacionas con ellas aprendes mucho de sus valores a través de su comportamiento. De hecho los manifiestan todo el tiempo a través de lo que dicen y de lo que hacen. Los novios, antes que nada, deben ser amigos. Un amigo apoya e incluso ayuda al otro a conocerse y a entenderse mejor. Igual debe ser en el noviazgo".

De pronto Mónica dijo algo que sorprendió a sus papás, pues dio un súbito giro a la conversación: "No me parece correcto utilizar el término de "hacer el amor" para referirse al acto sexual". Los señores la invitaron a que se explicara. Ella dijo: "Pienso que en este mundo abunda el sexo pero falta el amor. Muchos ven al sexo como algo malo".

Su papá dijo: "El acto sexual puede realizarse teniendo en mente distintos motivos. Algunas personas sólo piensan en sí mismas y pueden utilizarlo como medio para liberar la tensión o lograr un placer, otras lo hacen para obtener poder y dominio. Algunos sí piensan en el compañero y buscan el sexo cuando menos como forma de compartir un placer. El nivel de madurez influye en sus intenciones. Mientras más

madura es la persona, más se preocupa por el gozo y el bien compartidos e incluso ve al acto sexual como un medio que le permite expresar su amor más profundo".

Mónica hizo un movimiento. Daba muestras de estar pensando en algo y no saber cómo ponerlo en palabras. Finalmente dijo: "Ustedes me han enseñado la importancia de la madurez. Pienso que a mi edad, me falta mucho por aprender. Tal vez sea madura en algunas cosas, pero amar de verdad requiere de una madurez que los adolescentes no tenemos todavía"

Después que su padre le preguntó por qué lo decía, ella respondió: "En la escuela vimos una película. Se trataba de sexo. Unos novios que supuestamente se querían mucho, acabaron de pleito cuando ella se embarazó. Todos los juramentos de amor que él le había hecho se acabaron".

Su papá completó: "Pues sí, primero le ofreció la luna y las estrellas ¿y luego?, ¡una pesadilla! ¡Es tan común! Cuando falta madurez hay inestabilidad emocional y el sexo se convierte en fuente de angustias y de culpa. Sé que tu mamá te ha explicado sobre el comportamiento y los hábitos de las personas. La manera como manejan su vida sexual no se escapa de dicha influencia. Si son personas que han desarrollado la estrategia de zafarse de los problemas, actuarán igual cuando ocurra el embarazo. No acostumbran responsabilizarse de sus actos y culpan a los demás. ¿A quién culpar? Al más cercano: a la pareja".

Su mamá intervino diciendo que hay gente que actúa con amabilidad un tiempo, sólo mientras dura la conquista. Pero luego sale al quite su verdadera naturaleza. Si acostumbran mentir, mienten a la pareja; si suelen manipular, manipulan a la pareja. Los hábitos de comportamiento instalados mediante la repetición se manifiestan tarde o temprano. Por hábito, hay personas que se aprovechan de los demás; otras son muy dependientes y viven buscando alguien que las "cuide". Todo esto influye en sus relaciones de pareja.

Mónica preguntó sobre otras maneras para saber que alguien vale la pena como amigo o como novio. Sus papás le explicaron que lo mejor es relacionarse con personas que tienen conciencia de sí mismas, es decir, que buscan conocerse, entenderse, comprender por qué actúan como lo hacen, que reflexionan sobre sus acciones, que se percatan de cómo su conducta afecta a los otros y se preocupan por el bien común. Ella decidió esmerarse en desarrollar un ojo muy fino para saber elegir correctamente a sus amistades y ¿por qué no?, a un posible candidato con suerte. No obstante sabía que todos aquellos ingredientes de los cuales sus papás le habían hablado deberían también estar presentes en ella misma. Una relación de pareja es de dos.

Mónica expresó: "Cuando yo me case y tenga mis hijos, quiero que ustedes me ayuden a educarlos. No sé cómo me educaron para ser como soy".

"No te preocupes, hijita", le dijeron. "Tu conciencia bien desarrollada te ayudará a realizar juicios acertados. Vas por buen camino. Sigue desarrollando tu pensamiento, actúa en congruencia, sé bondadosa y entonces todo lo que eres brotará de tu interior en abundancia. Esto necesariamente lo transmitirás a tus hijos. Así contribuirás a dar al mundo personas que colaboren en la tarea de construir un mejor lugar donde vivir en la plenitud del amor".

COLECCIÓN FAMILIA

COLECCIONES

Belleza
Negocios
Superación personal
Salud
Familia
Literatura infantil
Literatura juvenil
Ciencia para niños
Con los pelos de punta
Pequeños valientes
¡Que la fuerza te acompañe!
Juegos y acertijos
Manualidades
Cultural
Medicina alternativa
Clásicos para niños
Computación
Didáctica
New Age
Esoterismo
Historia para niños
Humorismo
Interés general
Compendios de bolsillo
Cocina
Inspiracional
Ajedrez
Pokémon
B. Traven
Disney pasatiempos
Mad Science
Abracadabra
Biografías para niños
Clásicos juveniles

Esta edición se imprimió en Septiembre de 2007. Acabados Editoriales
Tauro. Margarita No. 84 Col. Los Ángeles Iztapalapa México, D.F.

SU OPINIÓN CUENTA

Nombre ....

Dirección ....

Calle y número ....

Teléfono ....

Correo electrónico ....

Colonia .... Delegación ....

C.P .... Ciudad/Municipio ....

Estado .... País ....

Ocupación .... Edad ....

Lugar de compra ....

Temas de interés:

- ☐ *Negocios*
- ☐ *Superación personal*
- ☐ *Motivación*
- ☐ *New Age*
- ☐ *Esoterismo*
- ☐ *Salud*
- ☐ *Belleza*

- ☐ *Familia*
- ☐ *Psicología infantil*
- ☐ *Pareja*
- ☐ *Cocina*
- ☐ *Literatura infantil*
- ☐ *Literatura juvenil*
- ☐ *Cuento*
- ☐ *Novela*

- ☐ *Ciencia para niños*
- ☐ *Didáctica*
- ☐ *Juegos y acertijos*
- ☐ *Manualidades*
- ☐ *Humorismo*
- ☐ *Interés general*
- ☐ *Otros*

¿Cómo se enteró de la existencia del libro?

- ☐ *Punto de venta*
- ☐ *Recomendación*
- ☐ *Periódico*
- ☐ *Revista*
- ☐ *Radio*
- ☐ *Televisión*

Otros ....

Sugerencias ....

Cómo orientar sexualmente a sus hijos